V&R

תולדות toldot

Essays zur jüdischen Geschichte und Kultur

Herausgegeben von Dan Diner

Band 6

Thomas Meyer

# Vom Ende der Emanzipation

Jüdische Philosophie und Theologie nach 1933

Vandenhoeck & Ruprecht

Meinem Vater
Helmut Meyer
(1938–2007)

Bibliografische Information der Deutschen Nationalbibliothek

Die Deutsche Nationalbibliothek verzeichnet diese Publikation in der Deutschen Nationalbibliografie; detaillierte bibliografische Daten sind im Internet über http://dnb.d-nb.de abrufbar.

ISBN 978-3-525-35094-2

Lektorat: Monika Heinker

© 2008 Vandenhoeck & Ruprecht GmbH & Co. KG, Göttingen
Internet: www.v-r.de
Alle Rechte vorbehalten. Das Werk und seine Teile sind urheberrechtlich geschützt. Jede Verwertung in anderen als den gesetzlich zugelassenen Fällen bedarf der vorherigen schriftlichen Einwilligung des Verlages. Hinweis zu § 52a UrhG: Weder das Werk noch seine Teile dürfen ohne vorherige schriftliche Einwilligung des Verlages öffentlich zugänglich gemacht werden. Dies gilt auch bei einer entsprechenden Nutzung für Lehr- und Unterrichtszwecke. Printed in Germany.
Satz: Satzspiegel, Nörten-Hardenberg
Druck und Bindung: ⊕ Hubert & Co., Göttingen

# Inhalt

Vorwort . . . . . . . . . . . . . . . . . . . . . . . .   7

Einleitung . . . . . . . . . . . . . . . . . . . . . . .   9

Gesetz und Philosophie – Alexander Altmann
und die jüdische Theologie . . . . . . . . . . . . . .  20

Philosophie und Gesetz – Julius Guttmann und
Leo Strauss 1935 . . . . . . . . . . . . . . . . . . .  61

Tod und Verklärung – Franz Rosenzweigs
Nachleben . . . . . . . . . . . . . . . . . . . . . . . 131

»Die Stunde der jüdischen Philosophie«?
Zu Schriften von Fritz Heinemann . . . . . . . . 172

Schluss . . . . . . . . . . . . . . . . . . . . . . . . . 194

Quellen und Literatur . . . . . . . . . . . . . . . 199

Zum Autor . . . . . . . . . . . . . . . . . . . . . . 207

# Vorwort

Die mit dem sechsten Band der Reihe *Toldot* vorgelegte Schrift von Thomas Meyer hat ein Desiderat der Ideen- und Philosophiegeschichte zum Gegenstand: die geistige Bewegung jüdischer Rückverwandlung auf sich selbst in Gestalt jüdischer Philosophie und jüdischer Theologie angesichts der hereinbrechenden nationalsozialistischen Herrschaft.

Die Überschreibung »Vom Ende der Emanzipation« zeigt zweierlei an: dass die mit dem ausgehenden 18. Jahrhundert anhebende jüdische Denkbewegung, den jüdischen Text profanierend in den hermeneutischen Kontext der nichtjüdischen Umwelt zu überführen, ein abruptes Ende gefunden hat; und dass die Vernichtung des europäischen Judentums, jenes das Jahr 1933 und die mit ihm erfolgte Zurücknahme der Emanzipation übersteigende Ereignis des Holocaust, nicht Gegenstand der Erörterung sein kann. Es geht um die Konstellation einer bislang wenig ausgeleuchteten Zwischenzeit *vor* der Katastrophe.

Die von Meyer betrachtete Rückverwandlung in den 1930er Jahren gleicht einem Auszug des jüdischen Wissens aus den Diskursen des von der Wissenschaft des Judentums im 19. Jahrhundert angestoßenen Gesprächs mit der nichtjüdischen Tradition. Dies erscheint als Wende; und das von dieser Wende geprägte Bewusstsein vom Einschnitt an sich imprägniert jene – nun nach innen gekehrten, mit neuer Bedeutung versehenen – geistigen Bewegungen jüdischer Philosophie und Theologie. Diese Wende wird vom Autor vornehmlich anhand der hierfür einschlägigen Schriften von Alexander Altmann, Julius Guttmann, Leo Strauss, Fritz Heinemann, aber auch an der durch den Verlust der äußeren, der nichtjüdischen Zeit in den 1930er Jahren eingeleitete Ikonisierung des kurz zuvor verstorbenen Franz Rosenzweig expliziert. Obschon die philosophischen wie theologischen jüdischen Schriften der Autoren untereinander erhebliche Unterschiede aufweisen, stellen sie in der einen oder anderen Weise doch gemeinsam die großen Fragen jüdischer Existenz angesichts der Moderne neu: diejenige der gegenläufigen, miteinander in Widerstreit liegenden Tendenzen von Geschichtsdenken und Emanzipation einerseits und jene von Offenbarung und Gesetz andererseits.

Das in diesem *Toldot*-Band dargestellte Thema der Rückverwandlung stellt indes keinen mechanischen Wiedereintritt in die Welt der *Halachah* jenseits von Aufklärung in Aussicht. Vielmehr werden deren Bestände auch mit dem Ende der Emanzipation in Gestalt jenes jüdisch-theologischen Moments bewahrt. So macht der Autor in seiner Argumentation jenes Zusammenspiel von Textstrategie und Zeitdiagnostik stark, und der mit dieser Perspektive einhergehende Blick auf den Auszug aus den nichtjüdischen Anteilen jüdischer Tradition erschließt sich ihm und dem Leser als Stunde jüdischer Philosophie.

Dan Diner                                      Januar 2008

# Einleitung

Im Herbst 1933 legte der Rabbiner Max Wiener sein Hauptwerk *Jüdische Religion im Zeitalter der Emanzipation* vor. Er hatte die Disposition des Buches abgeschlossen, als, wie er schrieb, »das deutsche Judentum von den tragischen Ereignissen dieser Tage« getroffen wurde. Diese haben also keinen Einfluss auf die Gestaltung des Buches ausgeübt, so Wiener in der Einleitung. Doch dann machte er eine Bemerkung, die das gesamte dargebotene Material und die Thesen in ein völlig anderes Licht rückte: Durch die Ereignisse der letzten Monate sei das Zeitalter der Emanzipation selbst »wirklich ›historisch‹ geworden.«

Nach der »Machtergreifung« der Nationalsozialisten und der Verwandlung der demokratischen Weimarer Republik in den sich zwischen Maßnahmen und Normen bewegenden »Doppelstaat« (Ernst Fraenkel) seit April 1933 war Wieners Buchs somit zur ersten Bilanz des langen Zwiegesprächs jüdischer Philosophen und Theologen mit der Moderne geworden. Letztere war für ihn eine Emanzipation, die sich aus der Synthese mit neuen Deutungsangeboten der Zeit ergab. Die »Säkularisation«, die von Ernst Troeltsch übernommene und erstmals auf die jüdische Geistesgeschichte angewandte Kategorie, war das zentrale Thema von *Jüdische Religion im Zeitalter der Emanzipation*. Sie hatte das Judentum innerhalb nur weniger Jahrzehnte ergriffen und löste eine »Geschichte der schweren Konflikte zwischen Traditionalismus und liberaler Bewegung« aus, die auf beiden Seiten gleichwohl nur zu »verhältnismäßig glatten durchsichtigen Formeln« eines Rationalismus geführt hätten, der niemals die Fragilität von liberalen und orthodoxen Entwürfen hatte verdecken können.

Diese Diagnose gehörte keineswegs zur »Krisis«-Literatur der Zeit, sondern beruhte auf der Einsicht, dass seit der Zerstörung des Ersten Tempels der Kampf zwischen Religion als »Lebensstil und Daseinsordnung« einerseits und der sich mehr oder weniger bietenden Möglichkeit, Teil einer nichtjüdischen Mehrheitsgesellschaft zu werden andererseits auf unterschiedliche Weise immer wiederkehrte. Von Moses Mendelssohn bis in seine Gegenwart ergab sich für Wiener in der Auseinandersetzung mit diesen Positionen dennoch ein entmutigendes Bild. Dass er dieses Urteil nicht zum Maßstab für die Beurteilung seiner Protagonisten machte, dokumentiert den Sinn für historische Gerechtigkeit. Im Moment, da sich die Situation des Autors selbst radikal veränderte, benutzte er ein Narrativ, das die Kontinuität jüdischen Denkens belegen sollte; und diese wiederum wurde auch in der Auseinandersetzung mit nichtjüdischem Wissen sichtbar gemacht.

Somit legte Wiener eine doppelte Bilanz vor. Die eine war ganz auf die Debatten des 19. Jahrhunderts bezogen, und sie hatte, wie angedeutet, einen deutlichen Verlust ausgewiesen, ohne dies zum Angelpunkt der Aufrechnung selbst zu machen. Eingeordnet war diese erste Bilanz in die übergeordnete, die nur am Beginn und am Ende des Buches kurz aufgemacht wird, aber die entscheidende, weil historisch wertende ist.

Wieners Konstruktion ist von außen im letzten Moment diktiert worden, und doch wusste er seinen Gegenstand vor dem Einbruch des Neuen zu schützen. Die beiden Bilanzen führte Wiener auf eine Weise zusammen, die für die in diesem Essay behandelten Texte einen paradigmatischen Status hat. Es ist die Zusammenführung aus ideengeschichtlicher Rekonstruktion und Würdigung des Vergangenen und der Einsicht in die vollkommene Abgeschlossenheit des Dargestellten. Was für die Gegenwart und die Zukunft wichtig ist, so teilt der Text dem Leser mit, liegt dann nicht mehr, wie noch zuvor, in der Ausmessung des Kontaktes mit anderen Wissenskulturen, sondern in der vollständigen Hinwendung zum jüdischen Wissen. Und wenn es dennoch eine Auseinandersetzung mit zeitgenössischen philosophischen und theologischen Strömungen gibt, dann ausschließlich, um die Unvereinbarkeit mit diesen Diskursen darzulegen oder, weitaus seltener, sie ihrer eigentlichen Substanz komplett zu entkleiden und sie als Strukturen einzubinden. Daraus ergibt sich eine besondere Form der Zeitdiagnostik.

Die Wende, die das Jahr 1933 darstellte, wurde von den deutschen Juden als Epochenscheide ernst genommen. Insofern soll die Zäsur 1933 das Ende der Emanzipation bezeichnen und den Beginn dessen, was Saul Friedländer als »die Jahre der Verfolgung« charakterisierte.

Doch nach dem ersten Aufschrei, der expliziten Kennzeichnung des Geschehens als Beendigung des alten Verhältnisses und der Etablierung einer neuen gesetzlich sanktionierten Hierarchie, wurden die weiteren Ereignisse aus den philosophischen und theologischen Schriften ausgeklammert. Die Hinwendung zu den Fragen der innerjüdischen Selbstverständigung geschah in diesem Moment nicht aus Not, sondern aus der Überzeugung, dass die von den neuen Machthabern verordnete Reduzierung aufs Jüdische tatsächlich die Gelegenheit bot, zur Überlieferung zu greifen und sie zu befragen. Gerade durch die Abwesenheit des stetig ausgebauten und schließlich totalen Zugriffs der Nationalsozialisten auf die Lebenswelt jüdischer Philosophen und Theologen erhellt sich in den Texten die Zeit. Indem die Autoren die Autonomie der Texte sicherstellen, ergeben sich weitreichende Folgen: Sie wurden zum lebendigen Gegenbeweis für die politisch durchgesetzte Wahrnehmung, der Machtakt des Ausschlusses sei ein einseitig vollzogener Vorgang, der nur Reaktion zuließ. Diese Texte erscheinen auch heute noch als Zeugen, die sich gegen jede ideologische Vereinnahmung erfolgreich gewehrt hatten. Die philosophischen und theologischen Texte erprobten die Selbstreflexion und dienten der Standortbestimmung. Konstitutiv für die Texte war also die Einsicht in die politische Ohnmacht einerseits, aus der andererseits die Konzentration auf das Jüdische gefolgert wurde. Denn die Tatsache der Autonomisierung der Beiträge ermöglichte es gerade, im Streit um das richtige Verständnis der Tradition Binnendifferenzierungen vorzunehmen, also gerade jene Pluralität auszudrücken, die durch die Nennung »Jude« ausgeschlossen werden sollte. Der gemeinsame Feind wurde so ebenjenes Feldes verwiesen, das er durch Gesetze und Verordnungen längst glaubte entscheidend zerschlagen zu haben.

Doch neben diesem textstrategischen Moment ist ein anderes hervorzuheben, das eine Folge der Autonomisierung darstellt. Man könnte es als Fortschritt durch Ausschluss bezeichnen. Während sich die Geschichte der Textexegese klassischer jüdischer Literatur schon durch ihren Gegenstand als selbstbewusste Diskussion mit außerhalb ihrer selbst liegenden hermeneutischen Innovationen erzählen ließe, waren Philosophie und Theologie zwei Gebiete, die außerhalb des Judentums lagen. Mit 1933 musste die Beschäftigung mit ihnen erneut legitimiert werden, denn die Auseinandersetzung war sanktioniert. Den Anteil der an Philosophie und Theologie vermeintlich Anteillosen organisierte man durch die gewonnene Textautonomie so, dass als sie eigene Felder komplett neu vermessen wurden. Das war nicht länger Aneignung ursprünglich fremden Wissens, sondern dessen Umwidmung und Neudefinition. »Jüdische Philosophie« bzw. die Gründe, warum über diesen Begriff gestritten wurde, und »jüdische Theologie« bekamen für die Autoren mit dem Jahre 1933 eine grundlegende neue Bedeutung. Sie sind nicht länger Philosophien und Theologien neben anderen, sondern die einstmals griechischen bzw. römischen Kategorien sollen die jüdische Tradition erneut verstehen helfen.

Eine dritte von 1933 an zu beobachtende Textstrategie ergibt sich wiederum aus der geschilderten Umwidmung. Sie besteht darin, die Rezeption von »Athen« und »Rom« nicht länger daraufhin prüfen zu müssen, wie sie die jüdische Tradition gefährde. Und darüber hinaus verloren die beiden anderen Deutungsmächte ihre Funktion als Anreger, Vorbilder oder Lieferanten von Zitaten.

Diese Textstrategien kristallisierten sich bereits 1933 heraus und wurden in den folgenden Jahren immer gezielter eingesetzt. Um dies zu veranschaulichen, ist jedes der folgenden vier Kapitel chronologisch aufgebaut, teilweise jedoch mit ausführlichen Rückgriffen in die Zeit der Weimarer Republik.

Die genannten Textstrategien lassen sich nun nicht in ihre argumentativen Strukturen und ihre zeitdiagnostischen Implikationen auftrennen. Was aber heißt »Zeitdiagnostik«, wenn wir sie von post festum gemachten Zuschreibungen freihalten? »Zeitdiagnostik« besagt in erster Linie, dass die Selbstbesinnung zu einer genaueren Wahrnehmung des Judentums selbst führen musste. Indem man angesichts des radikalen Bruchs, wie bei Wiener, Bilanz zog, wurde eine Entscheidung darüber getroffen, was künftig gelten sollte und was nicht. Bleibt man beim Bild der Bilanz – das in den jüdischen Zeitungen und Zeitschriften 1933 sehr häufig benutzt wurde – dann ist es doch auffällig, dass nur der Saldo, also die Summe aller Transaktionen des Vorjahres, übernommen wurde. Das gilt auch in dem Fall der philosophischen und theologischen Literatur. Während Torah, Talmud und Halachah natürlich die wesentlichen Bestandteile des Saldos ausmachten, so löste die Epoche der Aufklärung als jene Zeit, in der die Sinnressourcen für die Gestaltung der Zukunft vermutet wurden, das jüdisch-arabische Mittelalter ab.

Die Diagnose der Zeit galt nicht mehr der Umwelt; sie wurde kaum gesucht, da sie kein Versprechen mehr bereithielt. Mit dem Ende der Gesprächsmöglichkeit, über deren Realisierung sich zuvor niemand Illusionen machte, wurde in einem selbstbewussten Akt das Judentum zum Frage- und Antwortregister. Damit füllte man die einzig reale Zeit aus, denn die Verfolgung wurde zu Beginn als äußerlich betrachtet: Man könne mit den Maßnahmen den Menschen und seine Unversehrtheit treffen, nicht aber das Judentum des Menschen. Dieser Maxime gehorchten die philosophischen und theologischen Texte von 1933 an auf unterschiedliche Weise. Sie diagnostizierten auf diese Weise die Notwendigkeit der Selbstbeschäftigung, und die Zeit erlebte ihre Einlösung.

Alexander Altmann hat in einer Besprechung von Wieners Buch in der orthodoxen Zeitschrift *Der Israelit* das Zusammenspiel von Textstrategien und Zeitdiagnostik in den Mittelpunkt seiner Ausführungen gerückt. Die Situation der deutschen Juden seit 1933 bedürfe zur ihrer Überwindung einer intellektuellen Versicherung künftiger Absichten. Ihre Formulierung, darin bestehe Einigkeit in allen Gruppen, könne nur durch einen positiven Bezug auf das erfolgen, was jeweils unter »jüdisch« verstanden würde. Altmann zieht daraus die Konsequenz, dass nach der einseitigen Aufkündigung des Konsenses durch die nichtjüdische Mehrheitsgesellschaft an die Stelle eines universalistischen Humanismus ein »jüdischer Wurzel rein und klar entsteigender hebräischer Humanismus« treten müsse.

Selbstverständlich liefen nicht alle Überlegungen und Debatten auf den von Altmann beschworenen »hebräischen Humanismus« hinaus, doch belegt das Zitat eindrücklich die zuvor konstatierten Verfahrensweisen.

Den hier entlang der Begriffe »Textstrategie« und »Zeitdiagnostik« sehr allgemein gefassten Tendenzen in philosophischen und theologischen Texten nach 1933 versuchen die folgenden Seiten an ausgewählten Fragestellungen genauer nachzugehen. Die Diskussionen um die Begriffe »jüdische Theologie« und »jüdische Philosophie«, die Franz-Rosenzweig-Rezeption und schließlich Fritz Heinemanns Entdeckung der »jüdischen Philosophie« dienen mehr einer ersten Sichtung der bislang kaum beachteten Veröffentlichungen.

Die einzelnen Komplexe wurden mittels verschiedener Methoden untersucht. Wenn zum Auftakt eine diskursgeschichtliche Rekonstruktion »jüdischer Theologie« vorgenommen wird, gefolgt von einer ideengeschichtlichen Untersuchung zur »jüdischen Philosophie« sowie von einer rezeptionsgeschichtlichen Studie über Franz Rosenzweigs Nachleben und zuletzt von einer entwicklungsgeschichtlichen Analyse von Fritz Heinemanns Werk nach 1933, dann ist dies den Texten selbst geschuldet. Sehr schnell erwies sich bei der Sichtung, dass es nicht möglich sein werde, an den Kern der Fragen und Antworten zu gelangen, wenn dies mit einem einzigen analytischen Instrument versucht würde.

Um welche Diskussionen geht es aber?

Der 1906 geborene gesetzestreue Rabbiner und Philosoph Alexander Altmann erkannte auf die existenziellen Herausforderungen nach 1933 nur eine Antwort: die Rückkehr zur Halachah. Zunächst prüfte er, ob sich in den zeitgenössischen philosophischen und theologischen Kontroversen Konzepte fänden, mit deren Hilfe die Beschreibung der intellektuellen Situation besser gelingen könnte als mit der bloßen Aktualisierung der jüdischen Tradition. Doch am Ende sah sich Altmann allein auf Torah, Talmud und Halachah gestützt und fasste den Rückgriff auf diese Quellen unter dem Begriff einer »jüdischen Theologie« zusammen. Wie Altmann dazu gelangte, wer seine Gesprächspartner waren und wie er die »jüdische Theologie« inhaltlich zu fassen versuchte, wird im ersten Kapitel gezeigt werden.

Anders als Altmann, der in Berlin am orthodoxen Rabbinerseminar und seit 1935 am dortigen Rambam-Lehrhaus unterrichtete, befanden sich die beiden Akteure des zweiten Kapitels zu Beginn ihrer Auseinandersetzung bereits im Ausland. Leo Strauss und Julius Guttmann schrieben von Paris und London bzw. von Jerusalem aus in deutscher Sprache über »jüdische Philosophie« und publizierten ihre Schriften in Deutschland. Der 1899 im hessischen Kirchhain geborene Strauss war 1932 mit Hilfe eines Rockefeller-Stipendiums ins Ausland gelangt. Der neunzehn Jahre ältere Guttmann war von 1923/24 an Strauss' Vorgesetzter an der »Akademie für die Wissenschaft des Judentums« gewesen und legte 1933 in einem Münchner Verlag mit *Die Philosophie des Judentums* die Summe seiner Forschungen vor. Darauf reagierte Strauss mit mehreren Texten, die 1935 unter dem Titel *Philosophie und Gesetz* erschienen. Guttmann, seit 1934 Professor an der Hebräischen Universität Jerusalem, antwortete Strauss, doch der Essay wurde erst viele Jahre nach seinem Tod, in den siebziger Jahren, publiziert. Die Studie verfolgt zunächst die Denkentwicklungen der beiden, um so die aufgeladene »Jetztzeit« (Ernst Bloch) der Debatte besser konturieren zu können.

Dem innerhalb der Erforschung der jüdischen Geistesgeschichte kaum eingesetzten Erkenntnismittel der Rezeptionsgeschichte ist das dritte Kapitel verpflichtet. Der 1929 verstorbene Franz Rosenzweig wurde nach 1933 zu einer Leitfigur für viele deutsche Juden. Mehrere Werke erschienen aus dem Nachlass, die wiederum ausführlich gewürdigt wurden. Ignaz Maybaum (1897–1976), der liberale Rabbiner mit orthodoxem Hintergrund, legte 1935 und 1936 zwei Bücher vor, die

Rosenzweigs Denken verpflichtet waren und in denen er ein zeitgemäßes Judentum zu reflektieren suchte. Alexander Altmann antwortete ihm ausführlich in der *Jüdischen Rundschau*. Die dabei zutage tretenden Berührungspunkte und Differenzen offenbaren die Fähigkeit und die Schwierigkeit, unter dramatischen Umständen auf die Spannung von »innen« und »außen« einzugehen.

Das letzte Kapitel widmet sich der Entwicklung des 1889 in Lüneburg geborenen Philosophen Fritz Heinemann, der in seinem zunächst von Kant, Plotin und den Diskursen der späten zwanziger Jahre geprägten Denken 1933 einen vollständigen Richtungswechsel vornahm. In mehreren Aufsätzen und zuletzt in einem im englischen Exil geschriebenen und 1939 in Schweden veröffentlichten Buch versuchte er die »Stunde der jüdischen Philosophie« genauer zu kennzeichnen.

Während das erste Kapitel seinen Schwerpunkt im Jahr 1933 hat, liegt der des zweiten im Jahr 1935. Altmanns Intervention erfolgte 1937, so dass die Jahre bis zum vollständigen Verbot von Meinungsäußerungen mit diesen Texten exemplarisch umspannt sind.

Die einleitenden Bemerkungen können nicht ohne eine kurze Reflexion auf den Titel abgeschlossen werden. Nach dem Gesagten dürfte deutlich geworden sein, dass das Buch dort anknüpft, wo Max Wieners Monographie zum *Zeitalter der Emanzipation* endet. Der Titel *Vom Ende der Emanzipation* trifft zunächst einen Zeitpunkt, er wäre dann zu verstehen als ein Bericht über das Ende der Emanzipation. Doch damit wären – außer der Feststellung des Faktums, dass eine Entwicklung, die am Ende des 18. Jahrhunderts eingesetzt hatte, abgeschlossen ist – nur die ersten Monate des Jahres 1933 erfasst. Was aber kommt danach, nach der ersten Etablierung des nationalsozialistischen Führerstaates? Der Titel lässt dies offen, denn es tritt, wie gezeigt werden soll, sehr vieles, Unterschiedliches an philosophischen und theologischen Überlegungen zu Tage. *Vom Ende der Emanzipation* zu sprechen besagt auch, dass genau vom »Ende« her auf die zuvor sich ereignet habende Geschichte zurückgeblickt wird, die sich im Lichte der neuen Wirklichkeit in ihrer Entwicklung anders darstellt.

Die Reflexionen über all das sind indes nicht auf den Begriff zu bringen, ohne ihnen dabei Gewalt anzutun. Auch dies will der Titel unterstreichen, denn trotz des »Endes« blieb die »Emanzipation« für die Akteure letztlich gegenwärtig. Was nach dem »Ende« kam, war aus jüdischer Perspektive nicht schlicht das Gegenteil der »Emanzipation«, sondern etwas ganz anderes.

# Gesetz und Philosophie – Alexander Altmann und die jüdische Theologie

Als die Nationalsozialisten an die Macht kamen, hatte der am 16. April 1906 im slowakischen Košice geborene Alexander Altmann bereits eine beachtliche Laufbahn hinter sich. 1931 promovierte er an der Berliner Universität mit einer preisgekrönten Arbeit über Max Scheler, und am orthodoxen Hildesheimer-Seminar wurde er zum Rabbiner approbiert. Zusätzlich legte er die gymnasialen Staatsexamensprüfungen im Fach Englisch ab. Darüber hinaus war der junge Gelehrte seit 1927 durch zahlreiche Aufsätze und Besprechungen in den wichtigen jüdischen Zeitschriften zu Ansehen gelangt. Vor allem die 1930 in der letzten Ausgabe der Hauszeitschrift des Hildesheimer-Seminars *Jeschurun* unter dem Titel »Metaphysik und Religion« gedruckte Abhandlung sorgte für Aufsehen. Ludwig Feuchtwanger schrieb darüber in der *Bayerischen Israelitischen Gemeindezeitung*, die gegenüber der Dissertation »kürzere, aber ungewöhnlich inhaltsreiche Abhandlung« versuche mit den Mitteln der Phänomenologie »eine moderne streng philosophische Unterbauung des Weltbildes und der Gottesvorstellung des heutigen überlieferten Judentums strenger Observanz« zu geben.

Altmanns doppelte intellektuelle Herkunft prädestinierte ihn, die Frage nach dem Verhältnis von Philosophie und Theologie in den Blick zu nehmen. Doch das einst von den beiden Seiten so heftig umkämpfte Feld schien am Ende der Weimarer Republik niemanden wirklich zu interessieren. Bilderstürme wie sie in Georg Lukács' *Geschichte und Klassenbewusstsein* oder Martin Heideggers *Sein und Zeit* entfacht wurden, bewegten sich dezidiert jenseits der Frage nach dem Primat von Philosophie oder Theologie. Große Systementwürfe wie Ernst Cassirers *Philosophie der symbolischen Formen* oder Nicolai Hartmanns Versuch, Erkenntniskritik und Metaphysik zu versöhnen, bezogen sich auf Gott nur noch als historische Größe. Auch die Theologie zeigte an ihrem alten Gegenspieler kein sonderliches Interesse. Karl Barth, Rudolf Bultmann, Friedrich Gogarten und viele andere, die mit ihren kühnen Entwürfen die klassischen dogmatischen und fundamentaltheologischen Gebäude einrissen, setzten mehr auf »Existenz« und »Krisis« denn auf das Deutungsangebot von Ionien bis Jena. Sah man von dem Marburger Zwiegespräch zwischen Bultmann und Heidegger ab, so hatte sich die christliche Theologie von ihrer »Magd« Philosophie in den zwanziger und frühen dreißiger Jahren weitgehend getrennt. Autoren wie Heinrich Barth, Eberhard Grisebach oder Heinrich Scholz mühten sich zwar um eine Korrektur des Bildes, doch sie blieben marginalisiert.

Komplizierter sah es bei den jüdischen Vertretern der beiden Deutungsmächte aus. Denn sowohl Philosophie als auch eine explizite Theologie wurden gemäß der Tradition als *chochmat javan*, als griechische bzw. christliche, das heißt als fremde, abzulehnende Weisheiten begriffen. Die Tatsache, dass es dennoch eine Kommunikation zwischen Judentum und Philosophie und Theologie gab, die mit Philo, Maimonides und Moses Mendelssohn eine lange Tradition in sehr komplexen Formen vorweisen konnte, hatte die grundsätzliche traditionelle Ablehnung der beiden Weisheitslehren nicht korrigiert. Die Etablierung einer jüdischen Philosophie und einer jüdischen Theologie war nicht zuletzt ein Ergebnis der Moderne, in der Parallelwelten aus Gesetzestreue und der Beschäftigung mit nichtjüdischem Wissen entstanden. Seit dem Beginn des 19. Jahrhunderts half man sich mit dem Zwitterbegriff »Religionsphilosophie« weiter, der anzeigte, dass aus jüdischem Verständnis Theologie und Philosophie durch die ihnen gemeinsame Ausrichtung auf Gott nur als Mischform gedacht werden konnten.

Ausgesprochen oder gelegentlich verdeckt hielten sich alle jüdischen Philosophen und Theologen an dieses Paradigma. Der Philosoph Hermann Cohen hatte im Rahmen seines Systementwurfes, der nach Logik, Ethik und Ästhetik eigentlich mit einer Psychologie den Abschluss finden sollte, über das Verhältnis von Philosophie und Religion intensiv reflektiert, um letztlich doch eine Religionsphilosophie unter dem Titel *Religion der Vernunft aus den Quellen des Judentums* vorzulegen. Nachdem mit Cohen im April 1918 der anerkannt letzte Vertreter einer spezifisch jüdischen Philosophie gestorben war, und Franz Rosenzweig, der 1929 verschied, in erster Linie nur in seiner fast prophetischen Rolle wahrgenommen wurde, lagen die aus spezifisch jüdischer Sicht in den Blick genommen Felder Philosophie und Theologie mehr oder weniger brach.

Das allgemeine Desinteresse an der Klärung des Verhältnisses von Philosophie und Theologie in der späten Moderne nahm in dem Moment ein Ende, als die Verschärfung der politischen und sozialen Gegenwart die Sehnsucht nach Klarheit im Rückgang auf die Fundamente der Kultur äußerte. Philosophie und Theologie lösten als Grundlagenwissenschaften die in ihren Historismusdiskussionen wie gelähmt scheinende, seit dem 19. Jahrhundert die maßgeblichen Identitätsmuster ausbildende und nicht nur darin tonangebende Geschichtswissenschaft ab.

Es war dann Alexander Altmann in seinem bereits erwähnten Essay »Metaphysik und Religion«, der eindringlich auf die Notwendigkeit pochte, den Ort von Philosophie und Theologie neu zu bestimmen. Mit einem genau kalkulierten Paukenschlag eröffnete Altmann seine Abhandlung: »Das zentrale philosophische Problem unserer Gegenwart ist die Frage nach der Möglichkeit einer absoluten Metaphysik.« Den aufmerksamen Lesern des Textes wurden mit dieser Feststellung gleich mehrere Mitteilungen gemacht. Immanuel Kants aufklärerisch-kritisches Projekt einer Philosophie, die sich erst auf dem Weg zu einer Metaphysik befände, wurde durch das ausdrückliche Zurück zu einer absoluten Metaphysik abgelöst. Damit waren für Altmann offensichtlich auch die diversen neukantianischen Entwürfe erledigt, die lange Zeit das Bild der Philosophie in den zwanziger Jahren prägten. Wenn die Gegenwart nach einer absoluten Metaphysik Ausschau hielt, dann hieß dies, dass die Situation der Zeit nach einer letzten Antwort verlangte. Mehr noch: Die von Altmann konstatierte Wende zur absoluten Metaphysik machte deutlich, dass die Zeit, in der Kants Denken einen für alle Diskursteilnehmer gleichermaßen anerkannten Begriffs- und Symbolspeicher bedeutete, vorbei war. Nirgendwo deutlicher als in der Debatte zwischen Ernst Cassirer und Heidegger im März 1929 manifestierte sich die Sehnsucht nach dem, was hinter der Wirklichkeit die

Geschicke bestimme. Die zum Teil Buchform erreichenden Kommentare zu dem Auseinanderbrechen des Kant-Konsenses kamen trotz sehr verschiedener Ausgangspunkte um dieses Fazit nicht herum.

Das Streben nach einer absoluten Metaphysik wurde von Altmann in verschiedenen Schulen beobachtet. Lebensphilosophie, Phänomenologie und Existenzphilosophie versuchten die kopernikanische Wende Kants rückgängig zu machen. Doch der Gegenwartsdiagnostiker sah die Unternehmungen allesamt scheitern, ihr uneingestandener Relativismus vermöge es lediglich, die angestrebte absolute Metaphysik als Grenzbegriff zu fassen. Unfähig, an die Stelle von Kants Denken eine neuartige Grundlegung des Wissens zu setzen, wende sich die Philosophie der Religion zu, ohne dabei deren letzte Geheimnisse in der eigenen Terminologie objektiv darlegen zu können. Erst in Heideggers Broschüre *Was ist Metaphysik?*, so Altmann, werde erstmals die neue Lage der Philosophie akzeptiert: deren Bodenlosigkeit, die damit die Gegenwart spiegle.

In dem Begriff »Angst«, wie Søren Kierkegaard und vor allem Heidegger ihn als die Weise bestimmten, wie sich der Mensch in der Welt fühle und wahrnehme, sah Altmann die Möglichkeit zu letzten Erkenntnissen durchzudringen. Angst rufe das nicht weiter Hintergehbare des Menschen auf. Doch dabei blieb er nicht stehen. Er übersetzte die Konsequenzen, den Menschen von der Angst her zu denken in seine eigene philosophische Terminologie. »1. die Absolutsetzung des Seienden, 2. die primäre Einsetzung des Ich mit dem absoluten All-sein.«

Wenn aber das die Folge der Zentralstellung eines von ›Angst‹ Bestimmten war, nämlich die absolute Metaphysik als Platzhalter für die Absolutsetzung des Seienden namens Mensch zu verstehen, dann gerät der Theologe mit dem Philosophen in einen unauflösbaren Konflikt. Wenn das Absolute bereits doppelt besetzt war, wo war dann noch Platz für die Religion und ihren Gott? Existierte dann nur noch ein »Gott der Philosophen«, das heißt ein Denkhöchstes, das zwar noch theologisch angesprochen werden konnte, aber auf diese Weise zu einem bloßen Gegenstand der Reflexion wurde? Lautete so das Fazit eines gesetzestreuen philosophierenden Rabbiners?

Altmann verneinte alle diese Fragen. Seine Zurückweisung philosophischer Bemühungen um eine Letztbegründung fiel denn auch grundsätzlich aus: »Die Metaphysik zielt auf eine Seinssphäre, die durch phänomenalen Charakter der Relativierung verfallen muß.« Der innerhalb der Philosophie nicht zu denkende Gottesbezug, in Altmanns Worten die »Ehrfurcht« in der sich das »Göttliche« zeigt ohne das »Göttliche *selbst*« zu sein, trennte die beiden scheinbar aufeinander angewiesenen Schwestern in zwei Lager.

Fortan widmete sich Altmann der Theologie, die er klassisch als Lehre von der Religion begriff. Das war nicht nur eine Konsequenz aus der Analyse in »Metaphysik und Religion«, sondern der Entwicklung der Zeit geschuldet. Die Diagnose des Essays war nicht zu überlesen: Die Philosophie konnte mit ihren althergebrachten, aber auch mit den neuen Versuchen nicht länger ihrem Anspruch genügen, die Zeit in Gedanken zu fassen. Gefragt war stattdessen die Theologie – und zwar nicht irgendeine, sondern eine »jüdische Theologie«.

## Die Gegenwart der Tradition

Nach der Machtübernahme der Nationalsozialisten reagierte Altmann sofort und ließ seiner Bilanz konstruktive Vorschläge folgen. Am 15. April 1933 veröffentlichte er in der *Bayerischen Israelitischen Gemeindezeitung* den Aufsatz »Religion und Wirklichkeit« und am 15. Juni begann im orthodoxen *Israeliten* der mehrteilige Abdruck der Untersuchung »Was ist jüdische Theologie?«, deren Titel eine gezielte Anspielung auf Heideggers *Was ist Metaphysik?* war. Dessen Übersetzung von Platons Satz aus dem *Phaidros* mit »Sofern der Mensch existiert, geschieht in gewisser Weise das Philosophieren«, könnte für Altmann etwa so lauten: »Sofern der Jude als Jude existiert, bewegt er sich in einem Raum der jüdischen Theologie.«

In der noch völlig ungeschriebenen Geschichte der jüdischen Theologie in den dreißiger Jahren sind die beiden Aufsätze von zentraler Bedeutung. Sie verhalten sich auf den ersten Blick zueinander wie Situationsanalyse und Lösungsvorschlag. »Religion und Wirklichkeit« setzt ein mit einer kurzen und prägnanten Geschichte des Verhältnisses der beiden Relata. Der Titel war programmatisch zu verstehen, denn er zog die Konsequenz aus der erfolgten Verabschiedung der Philosophie in »Metaphysik und Religion«. Die »Religion« war nun an die erste Stelle getreten und wurde jetzt mit jener Ebene konfrontiert, an deren Erfassung die Philosophie gescheitert schien: der Wirklichkeit.

Altmanns Geschichte des Verhältnisses von »Religion und Wirklichkeit« ist nichts anderes als eine Darlegung dessen, dass sich mit der Moderne sämtliche Koordinaten aufgelöst hatten. Während in der Antike die Einheit von Religion und Wirklichkeit niemals in Frage gestellt worden wäre und das Mittelalter sie lediglich zum Gegenstand der Reflexion machte, um die Einheit zu belegen, separierten sich die Lebenswelten und behaupteten in scharfer Abgrenzung voneinander ihre Autonomie.

Dass sich dabei die Religion in die »Blutlosigkeit der Idee verflüchtigt« habe, so Altmann, war als Ergebnis dieses Prozesses abzusehen. Auch der Rabbiner lieferte eine Geschichte der Säkularisierung, notierte kopfschüttelnd die Versuche, Religion in Ethik, Poesie und Ordnungsvorstellungen zu transformieren oder ihr gar die Funktion eines Narkotikums zuzuschreiben. Doch das waren alles Projekte der Selbsttäuschung, hervorgegangen aus dem Glauben an das Machbare, das die Wirklichkeit komplett ausfüllte. Wie flüchtig aber die Angebote waren, wie wenig der Gegenwart gemäß, erwies ein Blick in die Tradition. Deren Radikalität konnte es für Altmann mit den aktuellen Umstürzen aufnehmen. Denn die Propheten hätten die Wirklichkeit in ihrer autonomen, soziologisch-biologischen Realität erkannt. Doch die Folge davon sei kein Abwägen, kein kleinmütiges Reflektieren gewesen, sondern ein Aufruf zur Revolution: »Geht hin und schafft sie um, diese unsere Wirklichkeit!« Diese eigentliche jüdische Wirklichkeit war schon immer die jüdische Religion.

Aber das führte noch längst nicht zum Ausgleich, der hier nur Stillstand bedeutet hätte. Denn die Religion kannte von Beginn an zwei Wirklichkeiten, die als »zwei miteinander in dynamischer Spannung existierende Potenzen« begriffen wurden. So auch bei Altmann, der danach auf die klassische fundamentale Entgegensetzung von »dieser Welt« (*olam hazeh*) und der »kommenden Welt« (*olam haba*) zu sprechen kommt. Nicht die lange und konfliktreiche Auslegungsgeschichte der beiden Antagonisten interessierte hier – ein erster Hinweis darauf war bereits, dass Altmann die Begriffe in ihren volkstümlichen Abkürzungen bot –, sondern eine eigenständige Analyse, die einerseits die Einheit von Religion und Wirklichkeit in Erinnerung rief und andererseits das Einklagen einer die Gegenwart des Jahres 1933 konterkarierenden geschlossenen jüdischen Weltsicht bedeutete. Und so verlagerte er kurzerhand die »kommende Welt« in »diese Welt« und argumentierte somit messianisch. Die talmudische Mahnung »Sämtliche Propheten haben über nichts anderes geweissagt, als über die messianischen Tage, was aber die zukünftige Welt betrifft – außer Dir, o Gott, hat kein Auge [sie] geschaut« (b. Sabb. 63a) schlägt Altmann ebenso in den Wind wie die berühmte Stelle aus Jesaja, wo der Prophet Gott sagen lässt: »Denn siehe, ich will einen neuen Himmel und eine neue Erde schaffen, dass man der vorigen nicht mehr gedenken und sie nicht mehr zu Herzen nehmen wird.« (Jes 65, 17)

Das Sicheinlassen auf die Gegenwart forderte die Bereitschaft, komplexe Diskussionen zugunsten klarer Thesen zu verlassen. Altmann schreibt die Zeitdiagnostik in den Text ein, wenn er der neuen Totalität der Volksgemeinschaft eine jüdische Totalität entgegenhält, die schon im Jetzt Anteil an der ideellen künftigen Welt hat. Dies gelingt durch die Religion, die keine Zwei-Reiche-Lehren bereithält, sondern den Juden in der profanen Welt lässt ohne ihn dieser auszuliefern. Es war Altmann bewusst, dass damit die Grenze zur Geschichtsphilosophie überschritten wurde.

## Jetzige Welt und künftige Welt

Wenn die Jetztzeit konstituiert wird durch ihren Anteil an der künftigen Welt, dann muss die Beziehung bestimmt werden, wie profane und jüdische Geschichte zueinander stehen. Dass Altmann sie separierte, um sie zu vergleichen, war üblich zu einer Zeit, in der Simon Dubnow eine *Jüdische Weltgeschichte* schrieb. So konstatierte Altmann denn auch auf der Ebene der Ereignisgeschichte keinerlei Unterschiede: Konflikt- und Friedenszeiten lösten einander ab, die Gründe dafür lagen in Machtkonstellationen, die sich wiederum historisch erklären ließen. Bestimmt würden die Verläufe der jüdischen Geschichte letztlich von der Einheit von »Religion und Wirklichkeit«, die sich in den Geschehnissen als offenbar gewordene Heilsgeschichte zeigt. Altmanns Fazit »Religiöse Wirklichkeit kann werden, weil sie war« war dann in doppelter Hinsicht lesbar: Einmal im Bezug auf das Verhältnis Tradition/Gegenwart, das sich durch das kontinuierliche Vorhandensein der »kommenden Welt« als Teil der »jetzigen Welt« auszeichnete. Doch in dem Satz steckt noch mehr: Er hält fest, dass die aktuelle Situation sich vom jüdischen Standpunkt aus nicht von früheren Zeiten unterscheidet. Auch in ihr galt, dass die Einheit von »Religion und Wirklichkeit« den Anteil der künftigen Welt sicherte.

Altmanns Situationsanalyse setzte gegen die Umbrüche in der deutschen Gesellschaft auf die erfahrungsgesättigten Balancekonstruktionen der Tradition. Nicht der vor allem in den Apokryphen hervorgehobene Gegensatz zwischen *olam hazeh* und *olam haba* interessierte ihn, sondern deren Schnittstellen. Umso mehr musste es den Leser verwundern, wenn Altmann von einer anderen wesentlichen talmudischen Relation nur einen Teil beachtete.

Nachdem die jetzige als Teil der künftigen Welt eingeführt wurde und auf diese Weise ein messianisches Argumentationsmuster zum Tragen kam, musste Altmann eine weitere geschichtsphilosophische Dimension aufrufen: Wie verhält sich denn diese gemischte Welt zu den Vorstellungen der Messiaserwartung? Zur Klärung griff der Rabbiner auf jenen klassischen Passus zurück, nach welchem gilt: »Der Sohn Davids kommt nur dann, wenn das Zeitalter entweder vollständig tugendhaft oder vollständig schuldbeladen ist.« Altmann aber beschäftigte sich nur mit dem einen Teil der Gleichung, dem *kulo chaijav*, von ihm mit »absoluter Gegnerschaft des Menschen« wiedergegeben. Das Gegenüber, die vollständige Tugendhaftigkeit des Menschen, hingegen fehlte. Eine Überraschung, denn nur durch die Opposition war die berühmte Stelle im Babylonischen Talmudtraktat *Sanhedrin* verständlich. Aber Altmann verfälschte nichts, wenn er statt auf die Tugendhaftigkeit des Menschen auf das menschliche Tun selbst verwies. Dem radikal Bösen stand im Jahr 1933 nicht die Aussicht auf die Tugendhaftigkeit der Menschheit gegenüber, sondern die Verpflichtung zum Handeln. Und zwar ein Handeln oder Tun, das sich ausdrücklich darum bemüht, die Gegenwart des kommenden Göttlichen zu verdienen. Das Vertrauen wiederum darauf, dass solches Handeln oder Tun diese Zielrichtung haben könnte, lag in der Anerkennung der biblischen Geschichte als andauernder Realität. Sie ist weder ein erst durch theologische Reflexion herzustellender Raum, noch ist sie ein Mythos der Gläubigen. Sie ist wahr, wenn man bereit ist, und, so wäre zu ergänzen, die Fähigkeit hat, die »ganze Erlebnisgeladenheit und Wirklichkeitsfülle« zu »spüren«; erst dann fällt das Dramatische der Lage zugunsten einer durch die Einheit von Religion und Wirklichkeit gegebenen Sicherheit fort.

Damit waren die Vorbereitungen abgeschlossen, um die Pointen von »Religion und Wirklichkeit« vorzutragen. Sie bauen aufeinander auf und enden in einer klaren Stellungnahme zu der Gegenwart Mitte April 1933. Zunächst wird die jüdische Wirklichkeit als eine notwendig durch und durch religiöse bestimmt. Wenn die Vergegenwärtigung der »Ur-Traditionen« möglich ist, weil sie bereits in der Gegenwart lagern und lediglich aktiviert werden müssen, und wenn die Zukunft eine ist, die sich schon immer in der Gegenwart zeigt, weil ihre Verwirklichung ständig geschieht, dann ist all das nur möglich, weil diese Zeit und ihre drei konstitutiv miteinander verstrebten Ebenen – Vergangenheit, Gegenwart, Zukunft – ursprünglich den Raum ausmachen, in dem jüdische Existenz geschieht. Nicht ein auch nur irgendwie geartetes Fremdes, das heißt: durch intellektuelle, kulturelle, politische oder soziale Prägungen von außerhalb Eindringendes, spannt diesen explizit jüdischen Lebens- und Zeithorizont auf, sondern das Judentum selbst. Jene Abdichtung erlaubte es Altmann, den maßlos scheinenden Satz niederzuschreiben: »Aber wir wissen eben im Tiefsten doch: Diese so genannte Wirklichkeit deckt sich nicht mit der wahren jüdischen Wirklichkeit.« Die Synthese aus der »Realität der Tradition und des Messianismus« musste der »Entwurzelte«, der die Gegenwart als »Tragödie« erlebt, erst noch ergreifen lernen.

Daraus ergab sich, dass Altmann die Möglichkeit einer jüdischen Schein-Existenz in einer Schein-Wirklichkeit ein für alle Mal zerstört sah. Nicht die Aufdeckung einer Alternative, sondern der einzig wahren Form jüdisch zu sein und jüdisch zu leben wurde als unumgänglich dargestellt; und selbst dieses Diktat konnte noch in einen freien Akt verwandelt werden, eben wenn man sich auf die wechselseitige Durchdringung von Religion und Wirklichkeit als einzig mögliche Lebensform verstand.

## Zu einer jüdischen Theologie

Der Essay »Was ist jüdische Theologie?« war die systematische Konsequenz aus dem schrittweise in »Metaphysik und Religion« und in »Religion und Wirklichkeit« Entwickelten. Zunächst knüpfte der Text genau dort an, wo »Religion und Wirklichkeit« endete: in einer Konstituierung und Vergewisserung einer jüdischen Existenz, die sich ihre Authentizität selbst gibt und nicht durch die Umstände erzwungen wurde. Die notwendig gewordene Sammlung, müsse denn so verstanden werden, wie Jecheskiel es ausdrücke: »Und sie näherten sich einander, Gebein zu Gebein.«

Die Sammlung hatte bereits unter diesem Motto stattgefunden, das Altmann nicht begeistern konnte. Weder die Vorstellung, dass Torah und Kultur sich synthetisieren ließen, noch der politische Zionismus lieferten die Alternative zu den Antworten der Tradition auf die Gegenwart. Altmanns Extrakt aus der Kenntnis bisheriger »jüdischer Theologie« mündete erneut in die Struktur einer Konjunktion: »Volkstum und Offenbarung« wurden als die Säulen einer »jüdischen Theologie« ausgemacht. Das war nicht mehr als eine These, die nicht zuletzt gegenüber früheren Entwürfen gerechtfertigt werden musste.

Die Geschichte einer expliziten jüdischen Theologie begann mit dem am Hebrew Union College in Cincinnati lehrenden Kaufmann Kohler, der 1910 einen *Grundriß einer systematischen Theologie des Judentums auf geschichtlicher Grundlage* publizierte; dieser wurde von den Zeitgenossen einhellig verrissen und noch viele Jahre später als sklavisches Imitat protestantischer Lehre verspottet.

Leo Baeck hatte mit seinem zunächst polemischen, dann später systematisch ausgerichteten mehrfach aufgelegten Essay *Das Wesen des Judentums*, seinen Beiträgen 1926/27 über die Frage, ob das Judentum Dogmen habe, und seinem Aufsatz »Theologie und Geschichte« wesentliche Beiträge zur jüdischen Theologie aus liberaler Sicht geliefert. Neben seinem Buch über *Jüdische Religion im Zeitalter der Emanzipation* von 1933 veröffentlichte Max Wiener im gleichen Jahr den Aufsatz »Begriff und Aufgabe der jüdischen Theologie«, auf den noch zurückzukommen sein wird.

In Zusammenarbeit unter anderem mit Baeck gab der Verband der deutschen Juden in den zwanziger Jahren ein schließlich dreibändiges Sammelwerk unter dem Titel *Die Lehren des Judentums nach den Quellen* heraus, das mittels der Textauswahl die Grundlage für eine auszuformulierende jüdische Theologie bieten wollte. Doch das alles waren zunächst nur Ansätze und Versprechen.

Während die Mitarbeiter an dieser Anthologie, wie Baeck und Wiener, etablierte Autoren waren, die seit vielen Jahren sowohl mit ihren apologetischen als auch systematischen Schriften einen festen Platz in der jüdischen Geisteswelt hatten, war der 1909 geborene Hans-Joachim Schoeps nahezu unbekannt, bis er 1932 mit der neunzigseitigen Schrift *Jüdischer Glaube in dieser Zeit* schlagartig in den Mittelpunkt der Diskussionen rückte. Nicht nur der Kenntnisreichtum des Buches verblüffte die Zeitgenossen, sondern auch die Urteilsstärke des 23-Jährigen. Im Mittelpunkt der Streitschrift stand eine überraschende ideengeschichtliche Linie, die als Provokation verstanden werden musste. Von dem Widmungsträger Salomon Ludwig Steinheim ging er zu Franz Rosenzweig über – eine Kombination, die nach der damaligen Lage der Dinge nur schwer akzeptiert werden konnte. Denn Schoeps hatte mit den zwei Namen Sphären verbunden, die in der Tat auf den ersten Blick keine Berührungspunkte zeigten. Der in dem vom Reformjudentum und der Orthodoxie bestimmten Koordinatensystem der vielen Strömungen nicht erfassbare Steinheim und der nach seinem Tode 1929 immer mehr als Identifikationsfigur verstandene Rosenzweig wurden bei Schoeps zu den Protagonisten der Besinnung auf Reflexion und Erneuerung der jüdischen Lebenswirklichkeit stilisiert. Tatsächlich konzentrierte sich Schoeps auf den, wie er schreibt, »enteigneten« Begriff der Offenbarung. Der allerdings wurde von dem jungen Religionswissenschaftler zum Kampfbegriff umgewidmet. Indem er Steinheims Innovationen jenseits von Reform und Orthodoxie einzig in der protestantischen Literatur ab den 1860er Jahren glaubte ausmachen zu können, hielt er Liberalen und Orthodoxen den Spiegel vor und erklärte die Notwendigkeit einer dritten Position.

Nachdem die jüdischen Theologen düpiert waren, zog Schoeps die Schleife zurück zu Steinheim. Nicht aber der Theologe, sondern nur der radikale Deuter der Lebenswirklichkeit könne im Jahre 1932 Antworten auf die Suche nach einer jüdischen Existenz bieten. Was das für Schoeps hieß, war dann selbst wieder rein theologisch verständlich und konventionell – sieht man davon ab, dass er glaubte, mit Zentralstellung des Wortes Gottes auch die christlichen Theologen im Boot zu haben. Hier irrte er, wie ihm die jüdischen Kollegen schnell klarmachten: die Idee des Wortes Gottes war selbst eine christliche Konstruktion, die nicht dadurch jüdischer wurde, dass er sie präzisierend als »Gesetzeswort Gottes« fasste.

Um seine These zu stützen, organisierte er sein Buch nach der vorgefundenen protestantischen Literatur seiner Zeit und begnügte sich ansonsten mit der Emphase, dass die Lebenswirklichkeit im Glauben an die Offenbarung aufgehen müsse und so jeden Einzelnen zu einer »totaler Umkehrung der heutigen Existenz um 180 Grad« führe. Und ganz auf der Linie der existenziellen und Krisenrhetorik der Zeit lag Schoeps, wenn er den unausweichlichen, aber auch neue Hoffnung versprechenden Bruch mit dem Gewesenen einklagte, damit der dann folgende »*Sprung* in die Ungewissheit des Kommenden« gelänge.

## Kerngehalte jüdischer Theologie

Der Exkurs zur Entwicklung der jüdischen Theologie in den zwanziger und frühen dreißiger Jahren und besonders zu Schoeps' Buch war notwendig, um die Einsatzstelle von Altmanns Essay »Was ist jüdische Theologie?« genauer situieren zu können.

Sie wurde von ihm markiert durch die Zentralstellung von »Offenbarung und Volkstum«, deren Unveränderlichkeit und Unauflösbarkeit er in der Broschüre immer wieder betonte. Sie sind nicht bloß die beiden Achsen, die das Feld einer jüdischen Theologie aufspannen, sondern die Inhalte vorgebenden Strukturen, deren Verknüpfung eine Erklärung für die Verwendung des christlichen Begriffs Theologie lieferte. Es ist müßig darüber zu spekulieren, ob damit noch christliche Verständniselemente mittransportiert wurden. Altmann praktizierte hier jene Aneignungsstrategie von fremden Begriffen, die Teil des gesamten Textes war. Jene jüdische Theologie Altmanns unterschied sich somit unmittelbar von konkurrierenden Entwürfen.

Zur exakteren Bestimmung seines Vorhabens waren für Altmann Abgrenzungen zum Christentum notwendig. Grundsätzlich sei in den christlichen Religionen die Theologie immer an die Gemeinschaftsvorstellung von Kirche gebunden. Selbst bei der revolutionären Gruppe um Karl Barth sei dies so, die doch über eine zentrale Idee, die der Offenbarung, verfüge. Die Korrelation Theologie – Kirche stelle aber »keine organische, in Realitäten fundierte Sinnbeziehung« dar, vielmehr gelte in Abgrenzung zum Judentum: »*Kirche* ist nur möglich, kraft bestimmter theologischer *Voraussetzungen*. *Judentum ist da* und schafft durch seine Theophanie bestimmte theologische *Konsequenzen*.« Hier berührten die Vorstellungen Altmanns sich mit denen Abraham Geigers, des liberalen Rabbiners am Breslauer Seminar. In der »Einleitung in das Studium der jüdischen Theologie« hatte dieser geschrieben: »Die Theologie ist die *Erkennt-*

*niss der religiösen Wahrheiten* und des ihnen entsprechenden Lebens. [...] Die Theologie als jüdische bestimmt beide Teile dieses Studiums näher. Theoretisch ist sie nunmehr Erkenntniss der religiösen Wahrheiten und des ihnen entsprechenden Lebens *nach der Lehre des Judenthums*. [...] Der praktische Theologe (Rabbiner, Geistlicher und Prediger) nimmt im Judenthume die angemessene Stellung des moralischen Einflusses ein.« Konnte Altmann übersehen haben, dass seine »jüdische Theologie« einen genuin liberalen Ursprung hatte?

Solche möglichen Verwandtschaften interessierten Altmann nicht, seine Aufmerksamkeit galt systematischen Fragen, so etwa jener zentralen nach der Beziehung von Kirche und Sündenfall. Die Kirche werde gegenüber dieser fundamentalen Tatsache zur Gnadeninstanz, in der – für den jüdischen Theologen passt hier das Wort »paradox« – sich Menschliches und Göttliches in der Weise vereinen, dass das Schöpferwort bewahrt und an die Menschen weitergegeben wird. Die »dialektische Theologie« habe diese Struktur einer permanenten Krise zwischen Gott und Mensch zum Gegenstand ihrer Überlegungen gemacht, ohne sich von dem Paradigma Kirche selbst lösen zu können oder lösen zu wollen. Die wirkmächtige Bewegung der »dialektischen Theologie«, deren führende Köpfe Karl Barth, Emil Brunner, Rudolf Bultmann und Friedrich Gogarten in der Sinnkrise nach dem Ersten Weltkrieg den Hiat zwischen Mensch und Gott immer weiter aufrissen und ihn als Signum der Zeit verstanden wissen wollten, hatte den Kulturprotestantismus eines Ernst Troeltsch abgelöst, der auf »Synthesen« (Karl Mannheim) setzte. Doch trotz aller Verschärfung hatten sich die protestantischen Dialektiker von der Lutherschen Dogmatik nicht lossagen wollen.

Genau in diesen Zusammenhängen musste die radikale Differenz zum Judentum gesehen werden: Nicht eine kirchliche Autorität, sei es in der römischen Variante als richtungsgebende Zentralgewalt, sei in den protestantischen Formen der Krisenbewältigungsinstitution, sondern das Volk bilde mit der Offenbarung die alles entscheidende Korrelation.

Der Stellung des »Volkes« geht der zweite Abschnitt des Essays nach. Altmann formuliert, mit Hinweis auf Martin Bubers erstmals 1932 erschienene Schrift *Königtum Gottes*, zunächst die Common-Sense-These, dass der »Sinai-Vorgang« das besondere, alles andere konstituierende Ereignis für das jüdische Volk gewesen sei. Die dort gegebene Offenbarung ist ein immer wieder zu erneuerndes Ungefähr, dessen Dynamik nur durch die tägliche Belehrung mittels der Torah beherrscht werden könne. Altmann verschärfte diese Grundforderung im folgenden ganz entscheidend, als er, in deutlicher Abgrenzung zu Baeck, Buber oder Wiener, nun die Halachah ins Spiel brachte. Genauer: Sie kommt nicht zu den vorgängigen Überlegungen hinzu, sondern diese laufen auf sie hinaus: »Im Zentrum der jüdischen Theologie steht die halachische Arbeit.« Was heißt das? Altmann konstruierte folgenden Zusammenhang: Die Offenbarung war ein einmaliges Ereignis, das selbst nicht wandelbar ist und die Zeiten in ihrer Wahrheit überdauert. Sie ist die Stifterin des Bundes, dessen Wahrheit und Wirklichkeit sie bezeugt. Es ist nunmehr die Aufgabe der Generationen, die vielfältigen Auslegungen und Deutungen, die die Torah beinhaltet, sichtbar zu machen und dabei die historischen Bedingungen, unter denen ihre Interpretationen stattfinden, ausdrücklich zu benennen. Das wesentliche Glied zwischen Offenbarung und der Arbeit an der Torah ist die sich dynamisch entfaltende Halachah. Damit etablierte Altmann, ganz wie es seiner religiösen Herkunft und der Ausbildung an der Pressburger Jeschiwa und am orthodoxen Hildesheimer-Seminar in Berlin entsprach, das jüdische Recht im umfassendsten Sinne. Das theonome Recht, das Göttliches Recht und Zivilrecht umfasst, kennt zwei Stufen, die zueinander in einem klaren Verhältnis stehen: das Recht gemäß der Aussagen in der Torah und die umfassende rabbinische Literatur, spät und nach schweren Kämpfen kodifiziert im *Schulchan Aruch*.

Übersetzt lautete Altmanns These: Die durch die Halachah angeleitete Torah-Auslegung könne zeitgemäß mit ›Theologie‹ wiedergegeben werden; wenn das stimmt, dann ist jüdische Theologie wesentlich als Halachah zu begreifen. Mit dieser Zirkelstruktur – Altmann sah darin das Reglement des »hermeneutischen ›Verstehens‹« erfüllt, was offensichtlich der durch die von Heidegger und jüdischerseits von Julius Guttmann wieder entfachten Diskussion um den hermeneutischen Zirkel Genüge tun sollte – setzte er die Halachah in ihre traditionelle Rolle ein, und in einem zweiten Schritt wurde die jüdische Theologie in eine nunmehr originär gesetzeskonforme Funktion gebracht. Die im 19. Jahrhundert Teil des kulturellen Wandlungsprozesses gewordene Halachah ist das Maß des Judeseins. »Jüdische Theologie« war für Altmann der Struktur nach Halachah; das bedeutete, einen völlig neuen Begriff von Theologie zu etablieren. »Logos« wurde hier als »Lehre« und »Gesetz« begriffen, die beide Gott einschließen und ihn nicht benennen müssen. Die Rationalität der Theologie war durch die Rationalität der Halachah ebenfalls umdefiniert. Denn es gab in ihr keine Dogmatik, Hodegetik, Fundamentaltheologie oder andere Theologien, sondern eben das Gesetz in seiner ganzen Weite.

Doch hatte Altmann sein Vorhaben damit wirklich vollständig von einer liberalen jüdischen Theologie abgegrenzt? Max Wiener schrieb in seinem bereits erwähnten Aufsatz »Begriff und Aufgabe der jüdischen Theologie«, dass die Auseinandersetzungen um das Gesetz immer im Hinblick auf die Lebenswirklichkeit geführt worden seien, wobei dessen gedankliche und begriffliche Grundlagen niemals angetastet wurden. Im Gegenteil: die Halachah fordere eine Theologie.

Altmann folgte also den Argumentationen Wieners – doch nicht in ihrer Bewertung. Der Historiker der Emanzipationsbewegung sah in den philosophischen und halachischen Ausführungen Maimonides', wie sie sich in den Werken *More Newuchim* und *Mischne Torah* materialisierten, die von Cohen entworfene *Religion der Vernunft aus den Quellen des Judentums* bereits verwirklicht. Dagegen ging Altmann auf seine Analyse in »Metaphysik und Religion« zurück, wenn er in dem religionsphilosophischen Werk und dem Torah-Kommentar die Trennung zwischen dem Metaphysischen und dem eigentlich Theologischen manifestiert sah. Im Vater der modernen Orthodoxie, Samson Raphael Hirsch, und dem wegen seines hoch angesehenen Bibelkommentars und seiner scharfen Abweisung jeder Reform berühmten Meir Loe Ben Jechiel Michael (1809–1879; »Malbim«) erblickte Altmann die Kronzeugen der geglückten Wahrung der torahgeleiteten jüdischen Theologie. Mit Hirsch und Malbim war auch das nötige Ablehnende zu dem Reformer Geiger gesagt. Mit den beiden Namen verbanden sich für Altmann absolute Ansprüche auf das Primat der Halachah, die Wiener nicht teilen konnte. Der gemeinsame Ausgangspunkt, dem Gesetz eine dynamische Entwicklung zuzugestehen, führte zu weit auseinander liegenden Konsequenzen: Altmann verstand die Veränderungen systemimmanent, Wiener erklärte sie durch das Wechselspiel zwischen Gesetz und Umwelt. So war auch Wieners produktiv gedachte Zweiteilung zwischen »Glaubens- und Gesetzeslehre« zu verstehen, bei der jüdische Theologie einsetzen müsste. Eine solche Überlegung war für Altmann bereits ein Abbiegen vom richtigen Weg, deshalb wiederholte er ausdrücklich: »Nur eine offenbarungsbezügliche und zugleich um die Halacha zentrierte Theologie darf jüdische Theologie heißen.«

## Ewigkeit und Dynamik des Gesetzes

Träger der jüdischen Theologie war das Volk, daran ließ Altmann keinen Zweifel. Das klang logisch und konsequent, doch eröffnete sich auf diese Weise ein problematischer Bereich, zumindest aus orthodoxer Sicht. Denn die richtungsweisende Institution des Sanhedrin war bis zu ihrer Zerschlagung 425 n.d.Z. die oberste Behörde gewesen, deren 71 Mitglieder mit Approbation (*Semicha*) durch ihre Letztentscheidungen einen besonderen Status hatten. Vom Volk war im tannaitischen Schrifttum in dem Zusammenhang keine Rede. Aber, und hier zeigte sich Altmanns unabhängiger Geist am Werke, er verwies zur Zentralstellung des Volkes auf die Ebenbildlichkeit des Menschen mit Gott und nannte das Verhältnis der beiden eine *analogia entis*. Wenn das Individuum nach dem Bilde Gottes gemacht wurde, dann war das Volk Israel als das auserwählte jenes, das Gott in seiner Gesamtheit verantwortlich gegenübertritt. Gott und Mensch wurden so »ähnliche Seinsregionen«; das hieß, der Mensch hatte für ihn Anteil an der halachischen Arbeit des Offenbarungsgeschehens. Mitten in die Bestimmungen der zentralen Begriffe des gesetzestreuen Judentums erscheint die Rede von der *analogia entis*, der die Leser verstört haben musste. Der auf Aristoteles zurückgehende, dann von Augustinus und vor allem Thomas von Aquin in seinen Kommentaren zu dem griechischen Denker verwendete Begriff, machte im vierten Laterankonzil 1215 Karriere: Von dort an gehörte er zur offiziellen Kirchenlehre und bezeichnete die Erkennbarkeit Gottes durch den Menschen. Das war Altmann alles sehr gut bekannt und er distanzierte sich von diesen Bedeutungszusammenhängen durch Anführungszeichen. Doch das war nur die Oberfläche, denn 1932 hatte der Jesuit Erich Przywara den ersten Band seiner »Metaphysik« unter dem Titel *Analogia entis* herausgebracht. Das wäre nicht weiter bemerkenswert, wenn Altmann dieses Buch nicht im orthodoxen *Israeliten* am 7. April 1933 ausführlich rezensiert hätte. Trotz einer klaren Zurückweisung des – unter Berufung auf Buber, Cohen und Rosenzweig – für ihn doch allzu einseitigen Bildes der religionsphilosophischen Überlegungen im Judentum, sah er bei Przywara die Idee eines kreatürlichen Gottes als durchaus mit der Vorstellung des halachischen Gottesbegriffs vereinbar.

Während die Auseinandersetzung mit dem Katholiken Przywara indirekt geführt wurde, sprach Altmann die mächtigste theologische Richtung dieser Jahre, die »dialektische Theologie«, direkt an. Deren These, dass der menschliche Charakter der Kirche als Grund für die Krisis und Dialektik betrachtet werden könne und so das Verhältnis des Einzelnen zu Gott als ständig prekär zu denken sei, wurde von Karl Barth der »unendliche qualitative Unterschied« zwischen Gott und Mensch genannt.

Obwohl Altmann die »dialektische Theologie« namentlich ansprach, wurde der Name Barth ebenso verschwiegen, wie das »unendlich« nicht zitiert und der Zitatnachweis nicht gegeben, obwohl jeder theologisch Interessierte diese für den Krisen- und Theologiediskurs der Zeit bedeutende Stelle genau kannte. Mit der Übersetzung des Theologen Hans Wilhelm Schmidt, der den »unendlichen qualitativen Unterschied« Barths in der Sprache Heideggers als »ontologische Spannung« begriff, stellte der Rabbiner die aktuell-tonangebende protestantische »Lösung« der Beziehung Gott – Mensch neben die des Katholiken Przywara, dessen Suche nach der »Einheit von Theologie und Philosophie« über die »Spannungseinheit« (Altmann) der *analogia entis* lief.

Die knappen Bemerkungen zu Przywara und zur »dialektischen Theologie« Barths würden falsch verstanden, begriffe man sie als bloße Referenzen. Sie führten zunächst vor Augen, dass die dogmatischen christlichen Theologien ähnlicher Fundamentalbestimmungen bedurften wie das Judentum; des Weiteren, dass aber der Unterschied darin bestand, dass sich in der historischen Entwicklung des Christentums Zwischeninstanzen etablierten, die den Bezug Gott – Mensch verschoben. Altmanns in seinen Vorschlag einer künftigen jüdischen Theologie kundgetane Überzeugung erlaubte es, Nachbarschaften und Ähnlichkeiten zu konstatieren, ohne die Frage nach möglichen Übernahmen fremden Gedankengutes stellen zu müssen. Im Juni 1933 betrachtete der Rabbiner den Umbruch der Zeit auch als allgemeine Krise der Theologie und erkannte in den christlichen Kirchen stark schwankende Antwortversuche, die ihn um so fester an die Halachah banden, die für die jüdische Theologie wesentlich war.

So war die Frage nach der Stellung des »Volkes« erneut aufgeworfen. Das Volk Israel war für Altmann das auserwählte Volk, insofern hat es stets eine Sonderstellung für Juden gegenüber Nichtjuden gegeben. Der entscheidende, ihn von liberalen Entwürfen unterscheidende Schritt war aber die Gleichsetzung von Volk und Partikularismus. Der Satz »Ein ganz bestimmtes Gesetz sucht seinen ganz bestimmten Träger und Gestalter« wies auf die Tatsache hin, dass die Auserwähltheit keinen einzelnen Aspekt unter anderen beschrieb. An dieser Stelle ließen sich nur dogmatische Bemerkungen formulieren: »Das Volk ist auserwählt, es stellt einen unauswechselbaren Ausschnitt aus der Menschheit dar.« Ein solcher Satz war theologisch eindeutig, er war unzweifelhaft jüdisch-theologisch wahrhaftig, auch wenn er kein Dogma aufstellte, sondern als Teil der Offenbarung begriffen werden musste. Das ausdrückliche Hervorheben dieser Glaubenswahrheiten ließe sich angesichts der aktuellen existenziellen Bedrohung leicht als Abwehrreaktion und Abgrenzung zu allen anderen Völkern verstehen. Aber das wäre zu kurz gegriffen. Die Textstrategie offerierte natürlich vordergründig diese Lesart; doch tatsächlich bot Altmann nicht mehr als die Grundüberzeugungen der Orthodoxie, wenn sie auch unkonventionell präsentiert wurden. Es muss immer wieder daran erinnert werden, dass sich der Essay ausschließlich nach innen, an die jüdische Gemeinschaft wandte. Es gab zu diesem Zeitpunkt kein gesellschaftlich nennenswertes intellektuelles Potenzial mehr, das diese Fragestellung öffentlich diskutiert hätte. Dem trug Altmann Rechnung, in dem er die jüdische Theologie als exklusive konstruiert. Die Offenbarung wurde dem auserwählten Volk zuteil, niemandem sonst. Seit seiner Existenz war dies die Antwort des Judentums auf die Umwelt; das zu vergegenwärtigen war Aufgabe des Gottesdienstes, rabbinischer, letztlich halachischer Arbeit.

Innerhalb dieser Arbeit hatte der Einzelne eine bestimmte Rolle, die religiös und historisch festgeschrieben war, und genau dieser Platz musste angenommen und durfte nicht zugunsten höherer Entitäten aufgelöst werden. Weder die Menschheit schlechthin, noch die Universalia der Ethik oder die vernünftige Religion, also die vornehmlich aus der Weimarer Republik stammenden Deutungsangebote, konnten im Jahr 1933 befriedigen. Sie waren schon immer, zwar mit guten Gründen, von außen ins liberale Judentum integriert worden, doch jeder Rückgriff auf sie, hieße einer Chimäre aufgesessen sein. Angesichts dieser aufgeklärten Zielsetzung des Judentums argumentierte Altmann geradezu mystisch. Die Rede vom »nicht einsehbaren dunklen Schicksalsfatum«, der Hinweis auf das »Rätsel« Israel und sein Gesetz bildeten aber keine Abkehr von einem rationalen Typus jüdischer Theologie. Sieht man von den Seitenhieben auf die liberalen Entwürfe ab, dann ist hier zunächst nichts weiter als die klassische Lehre wiedergegeben. Mitten in die Darlegung des traditionellen Verständnisses öffnete Altmann allerdings den Raum für die Identifikation und so für die lebendig gewordenen Aussagen der jüdischen Theologie. Durch die Vermeidung direkter Anspielungen auf die politischen Umstände entging Altmann erbaulichen Tröstungen. Stattdessen beharrte er auf der Selbstbestimmung und der Sonderrolle des jüdischen Volkes. In dem Moment, da der deutsche Staat dem deutschen Judentum streitig machte, überhaupt ein Teil der Menschheit zu sein, antwortete der jüdische Theologe: Man kann uns nicht ausschließen, weil wir in unserer Überlieferung schon immer ein durch Auserwähltheit und Offenbarung konstituiertes Volk sind, das sich einzig über die spezifische Nähe zu Gott in der Welt hält.

## Ausschluss – Einschluss

Das Volk ist, qua Größe der Überlieferung und der damit verbundenen exzentrischen Stellung seiner Religion, ein nichtvergleichbares. Natürlich bezieht sich diese Aussage, juristisch ausgedrückt, auf das Innenverhältnis. Jüdische Theologie, wie sie hier verstanden wird, kennt zunächst keinerlei Außenbezug. Sie regelt und ermisst was in der Tradition als feststehend und was als dynamisch sich entfaltend aufgefasst werden muss und kann, um in der Folge ein freies Leben in seiner Regelhaftigkeit führen zu können. Erst von hier aus wird die geschichtliche Situation relevant.

Diese ist Ursache dafür, dass sich nicht in letzter Klarsicht feststellen lässt, inwieweit das jüdische Volk seine

Stellung in dieser Welt jeweils zu bestimmen oder gar zu rechtfertigen hat. Die Geschichte gibt hier ausschließlich kontingente Hinweise. Dass in Letzterer jedoch ein »nicht einsehbares dunkles Schicksalsfatum« eingewoben ist, das »als Problem unerfaßt stehen bleibt«, ist unbestreitbar und wurde von Altmann entsprechend hervorgehoben. Das »Schicksalsfatum« deutete darüber hinaus die Grenze des Verstehbaren an, die dann allerdings in der Halachah den Platz für ein andauerndes Antwortsuchen findet und so beständig erweitert wird.

Altmann beeilte sich denn auch, nachdem er die Halachah abgrenzte und sie dadurch in den Bereich des »jenseits von allem Verstehbaren« zu expedieren drohte – selbst die Allegorisierungen Philos finden hier keine Gnade und die gesamte religionsphilosophische Tradition des Mittelalters erhält eine Absage –, wieder in den Bereich des Erkenn- und Erklärbaren zurückzukehren. Doch auch diese Wendung ging nicht ohne die *via negationis*. Das Problem von Universalismus und Partikularismus war mit den gegebenen Antworten noch nicht erledigt.

So ließe sich auch erklären, dass Altmann nochmals auf Wieners Rede vom Dualismus zurückkam. Was für den liberalen Gelehrten die Produktivität und Lebendigkeit der jüdischen Theologie ausmachte, war für den gesetzestreuen Kollegen nichts weiter als die künstliche Implantierung einer Spannung zwischen Lebenswirklichkeit, also Partikularismus, und Gesetz, folglich Universalismus. Schroff fiel die Absage an das Konstrukt aus, denn für Altmann gab es die Offenbarung am Sinai und ihre Interpretation, das hieß für ihn: die beständig dokumentierte Einheit von Offenbarung und Volk.

Der Philosophiehistoriker und Kenner der jüdischen Geistesgeschichte wusste, dass er diese Sätze nicht aufrechterhalten konnte, wenn er sich auf der Ebene der geschichtlichen Rekonstruktion bewegte. Er selbst hatte ja beständig von Entfaltung und von Dynamiken und Prozessen innerhalb der jüdischen Theologie gesprochen. So blieb ihm dennoch der Rückbezug auf das zweite Korrelationsglied, das heißt das jüdische Volk in seiner Bundestreue.

Zwei Motive wurden in solchen Abweisungen und Erklärungen miteinander verschränkt. Zunächst in der Ablehnung von Wieners Deutung, der Absage an den klassischen Liberalismus, der sich als notwendiger Ausgleich extremer Positionen versteht. Natürlich gab es in jeder Theologie universalistische Aussagen; Altmann gab dies auch zu, da sie schon aufgrund der Urteilslogik nicht vermeidbar waren. Doch damit hätte er den Liberalismus Wieners nur schwach und verkürzt zurückgewiesen. Was für Altmann völlig inakzeptabel war, war die Tatsache, dass Wiener durch die geschichtliche Entwicklung einen kulturellen und theologischen Wandel im Judentum selbst meinte nachzeichnen zu müssen. Ohne die Glaubens- und Gesetzeslehren aufzugeben, hatte das Judentum in der Galuth die Herausforderung der Umwelt und den Erhalt des Eigenen beständig in eine Balance zu bringen versucht. Die Zerschlagung der Tempel, das Ende des Sanhedrin, die Vertreibungen 1492, die Auflösung der Kehilla im 18. Jahrhundert veränderten das Judentum. Darauf baute Wiener auf. Altmann hingegen argumentierte entgegengesetzt. Das jüdische Volk konnte genau deshalb überleben, weil es trotz dieser Einbrüche kein Jota von seiner Offenbarungs- und Halachahtreue abwich. Die Sonderformen, die sich aus den kulturellen Wandlungsprozessen ergaben, sind für ihn eine rückprojizierte Häresie. All das heißt nicht, dass Altmann keinen Pluralismus anerkenne oder eine Art »Roma locuta, causa finita« aussprach, aber die sich weiterhin einheitlich darbietende Korrelation von jüdischem Volk und jüdischer Theologie war für ihn ein *factum brutum*.

Das wurde von Altmann unter Berufung auf die klassischen Texte ausgeführt. So blieb eine substanzielle Begründung aus, weil Altmann sie aus seiner gesetzestreuen Position gar nicht geben musste. Er setzte vielmehr, ganz im Vertrauen auf die vollkommene Stimmigkeit seiner durch die jüdische Geschichte und das Schrifttum belegten Ausführungen, auf Thesen. Und diejenige für die Frage, ob das Judentum wesenhaft partikularistisch oder universalistisch sei, wurde mit einer eindeutigen Setzung beantwortet: es sei bereits von der formalen Struktur her partikularistisch.

Das war nur folgerichtig, auch im Sinne der bislang gegebenen Zeitdiagnose. Die historischen Dynamiken und Prozesse spielten sich innerhalb des Judentums ab, die aber gar keine sind, sondern von Gott gesetzte, seinem Volk gegebene Spielräume, deren Auslotung bei Beachtung der überlieferten 613 Ge- und Verbote die Verantwortung jedes Einzelnen immer war und bleiben wird.

Es verwundert dann aber doch, dass der Autor zur Stützung seiner Sicht glaubte weitere Beispiele geben zu sollen. So sei Theologie grundsätzlich partikularistisch, weil sie keine Objektivität anzielen könne, selbst wenn sie es wolle, da ihr Gegenstandsbereich es verbiete. Versuche man es doch, so stoße man auf viele Ungereimtheiten und Rätsel. Man kann die Beispiele treffend nennen; warum sich unter ihnen der »Begriff der Reue G'ttes« befindet, ist hingegen selbst ein Rätsel. Der Bezug auf die einschlägigen Stellen 1 Mose 6, 6 und 1 Samuel 15, 29 bot nicht mehr als Allgemeinwissen, doch in der zeitgenössischen exegetischen Literatur war die Verwendung des christlichen Begriffs »Reue« in diesen Versen alles andere als unstrittig. Warum ließ sich Altmann auf solche prekäre Situationen ein? War es doch widersinnig, wenn er die »Unübersetzbarkeit« der Theologie, ihr eigentümliches Kolorit als unantastbar deklarierte, dann aber doch auf rationale Überprüfungsmöglichkeiten theologischer Aussagen pochte. Dahinter stand die Idee, Entwurzelten zu helfen, die »geistige Situation der Juden« zu durchschauen. Aber Altmann war nicht wirklich daran interessiert, überzeugen zu wollen; lieber suchte er die Auseinandersetzung mit Gegenpositionen, denn entweder besaß man den von ihm offerierten Zugang zum Judentum oder nicht.

## Eine jüdische »analogia entis«

Deshalb griff er auf Schoeps zurück. Ähnlich wie Wiener wird jener zum Prototypen einer ganzen Bewegung stilisiert. Und ähnlich wie bei Wiener steht im Hintergrund die Tatsache, dass Altmann mit ihm einige wesentliche Überlegungen teilt. Während es bei Wiener die hervorragende Stellung des jüdischen Volkes war, die die Beschäftigung mit ihm erforderte, ging es bei Schoeps um die Beschäftigung mit Heidegger.

Neben Schoeps band Altmann den Theologen Friedrich Traub ein, der sich zeitlebens mit dem Verhältnis von Philosophie und Theologie beschäftigte und in mehreren Aufsätzen Anfang der dreißiger Jahre Heidegger ins Gespräch mit der protestantischen Theologie bringen wollte. Nicht fehlen durfte Przywara, der in seinem bereits mehrfach erwähnten Hauptwerk *Analogia entis* mehrere ausführliche Interpretationen zu Heidegger vorlegte. Auf diese Weise waren mit Heidegger, dem atheistischen Stichwortgeber zur geistigen Situation der Zeit, dem abtrünnigen, aber die *Teschuwa* (Rückkehr) beschreitenden Juden Schoeps, dem religionsphilosophischen Dialektiker und Protestanten Traub und mit dem Jesuiten Przywara sämtliche Fachvertreter eines selbstbewussten Monotheismus zum Religionsgespräch versammelt. Doch anders als bei Nikolaus Cusanus' *De pace fidei* ist es letztlich nur eine Position, die den Moderator herausforderte: Diejenige Heideggers.

Altmann, der eine Transformation Heideggerscher Gedanken ins Theologische für grundsätzlich möglich und wohl auch für bedenkenswert hielt, griff denn auch sehr späte Abschnitte von *Sein und Zeit* auf, die 1933 noch vielfach besetzt waren. »Erbe« und »Schicksal« waren jene Begriffe, die sich, so der Rabbiner, für das jüdische Daseinsverständnis als entscheidend erwiesen. Die dem Paragraphen 74 (»Grundverfassung der Geschichtlichkeit«), der Teil des vorletzten Kapitels »Zeitlichkeit und Geschichtlichkeit« in *Sein und Zeit* ist, entnommenen Bestimmungen waren im Rahmen einer gesetzestreuen jüdischen Theologie kaum zu erwarten. Doch auch hier bietet sich das bereits bekannte Bild der vollständigen Entfernung vom ursprünglichen Zusammenhang und der folgenden Umdeutung. Als wolle Altmann seinen Zeitgenossen zeigen, dass die Diskussion etwa Heideggers niemals mit Assimilation enden könne, verwandelte er die tragenden Termini der Geschichtlichkeit-Paragraphen in solche jüdischer Theologie. Dazu stellte Altmann die Transzendenz der göttlichen Offenbarung heraus, die als das Auszeichnende des »jüdischen Volkes« zu verstehen sei. Die Akzeptanz dieser Transzendenz äußere sich in der Übernahme des »Erbes« und »Schicksals« des durch die Geschichte beglaubigten Verhältnisses zu Gott. Aus dieser Einsicht erwachse in der Gegenwart die Aufgabe, sich dieses »geistigen Erbes« stets bewusst zu sein und es anzunehmen.

Warum aber dann die Diskussion der Heidegger-Rezeption und die gegebene Einschätzung, dass das Denken des Freiburger Philosophen theologisch und dann speziell in einer jüdischen Theologie des hier vorgestellten Typus nützlich sein könne? Der entscheidende Hinweis findet sich in der geschichtsphilosophischen Formulierung, man müsse sich »der Abfolge der Geschichte bewußt werden«.

Altmann hatte in seinem Essay schon an früherer Stelle darauf hingewiesen, dass die jüdische Geschichte keine völlig anderen Strukturen als die allgemeine Geschichte aufweise. Gleichwohl sei die eine eben allgemein, profan und eventuell christlich, die andere jüdisch zu verstehen. Zu den beide Geschichten bestimmenden Kategorien gehörte für Altmann jene des »Erbes«. Goethes bürgerliches Ideal »Was du ererbt von deinen Vätern hast, / Erwirb es, um es zu besitzen«, schien bloß theologisch umgemünzt. Doch es ging um mehr. »Erbe« war das Überkommene, das nicht grundlos zugunsten einer neuen Einsicht vergessen werden durfte. Es war auch nicht nur als Ererbtes da, in Büchern und Ritualen, sondern lebendiger Teil der Existenz. Daher wurde es nicht hervorgeholt, um es anlassgemäß in Erinnerung zu rufen. Es strukturierte vielmehr zeitenübergreifend das Leben direkt; das heißt, es war nicht mehr als ein nur noch wenig bewusster und gewusster Hintergrund. Die Schwierigkeit, und gerade sie wurde von Altmann thematisiert, lag in der geforderten Gleichzeitigkeit der Beachtung des »Erbes« und der notwendigen Auseinandersetzung mit der Gegenwart. Ohne sich in das Spiel von Krise und der zu ihr gehörenden Stabilität, wie sie in der dialektischen Theologie gehandhabt wurde, einlassen zu können, musste ein anderes Lösungsmodell gefunden werden.

Altmann skizzierte es durch die Beifügung des Schicksalsbegriffs und des »Höre Israel«. Indem das Gebet gesprochen wird, habe es eine eigene Aktualität. Es transportiere die Vergangenheit und die Gegenwart gleichzeitig in die im Gebet beschriebene Zukünftigkeit. Die Jetztzeit wird mit dem Überlieferten konfrontiert. Die Kollision von der Bedrängnis der jeweiligen Gegenwart und der Kraft der aktualisierten Vergangenheit war das jüdische Schicksal, im Sinne Altmanns. »Daß aber dieser Aktualitätsanspruch gehört werde, ist die Funktion des jüdischen Schicksals in seiner tragischen Singularität.« Ohne jedem einzelnen Wort nachhorchen zu wollen und es auf seine mögliche Verbindung oder gar Herkunft aus dem Repertoire allgemein gängiger Kulturkritik oder gar demjenigen konservativer Revolutionäre zu prüfen, ist etwas anderes wichtig. Altmann suchte und ortete die Reflexionen, die versuchen, die Probe auf extreme Positionen zu machen. Auf diese Weise wurde keine Zustimmung suggeriert, vielmehr ein Vokabular gesammelt, das möglichst genau die eigene Lage abbilden konnte und die Einsichten verdeutlichte. »Erbe« und »Schicksal« waren in diesem Moment für ihn die präzisen Begriffe, um die jüdisch-theologische Auseinandersetzung mit den Ereignissen der Zeit führen zu können. Und mehr noch: Altmann nötigte den gegen seine Intentionen gerichteten Überlegungen Heideggers einen vollständig anderen Bedeutungshorizont ab. So waren »Erbe« und »Schicksal« nicht länger in einem wie auch immer gemeinten Sinne der geistige Besitz Heideggers, sondern wurden als genuin jüdisch begriffen. Altmann destruierte erfolglich, ganz den Ausführungen in Paragraph 6 von *Sein und Zeit* entsprechend, den Kern der »Erbe«-und-»Schicksal«-Überlegungen Heideggers und setzt die neugewonnenen Begriffe in die Mitte seiner »jüdischen Theologie« (das »Höre Israel« und dessen Funktion) ein. Danach war es folgerichtig, wenn er schrieb: »So offenbart sich dem jüdischen Menschen als Träger jüdischen Schicksals der stets neue Anruf G'ttes, der ihm den Zugang ins aktualisierte jüdische Sein mit mächtigem Griff eröffnet.«

## Erneut: »Offenbarung und Volk«

Die Offenbarung und das jüdische Volk, Gott und die Halachah, deren Einheit und Entfaltung, die Parallelität mit der profanen Geschichte und die »Strukturähnlichkeit« (Julius Guttmann) mit der allgemeinen Heilsgeschichte, die Übernahme des Erbes als Teil des Schicksals, die Gleichzeitigkeit von Tradition und Gegenwart im Modus der aktualisierbaren und aktualen

Vergangenheit, waren die stets korrelativ gedachten Elemente von Altmanns *Jüdischer Theologie*.

Dass er am Ende des Essays nochmals auf die Beziehung von Offenbarung und Volk zu sprechen kam, weist auf den »praktischen Teil« (Abraham Geiger) der »jüdischen Theologie« hin. Wenn zwischen der Offenbarung und ihrem Träger ein beständiges Aktualisierungs- und Austauschverhältnis existierte, dann nicht, weil es qua eigens vorgenommener Reflexion hätte hergestellt werden müssen, sondern weil beide Relata Aktualisierung und Austausch von sich aus verlangten. Taten sie dies, dann war es das »Schicksal« des jüdischen Volkes, dem ergangenen Ruf zu folgen. Die Vollständigkeit, Altmann sprach von Totalität, dieses Rufes, der aus der Torah täglich erklingt, nötigt als Gegenüber das ganze jüdische Volk. Für ihn war in dem Gemeinschaftskorpus »Volk« jede Separierung, jede parteiliche Isolierung vermieden. Kein Jude kann sich einem solchen Vorgang entziehen, sich ein Sonderschicksal erfinden oder zuschreiben. Diese Überlegungen stehen in einem ausdrücklichen Gegensatz zu den Entwürfen von Hermann Cohen und Leo Baeck. Ihre Vorstellung von der Gemeinschaft der Juden als Gemeinde war für den gesetzestreuen Altmann zu stark mit der »Kirche« verknüpft. Ganz offensichtlich wollte er außerdem vermeiden, dass mit Gemeinde ein historischer Bezug hergestellt wird, der sich auf eine historisch gescheiterte Formation berief. Es war die Kehilla, die dem Ansturm von außen kommender Einflüsse nicht gewachsen war. Man kann hier durchaus eine osteuropäische Position Altmanns vermuten, wie sie ihm von seinem Vater, dann an der Jeschiwa in Pressburg und von seinem Berliner Lehrer am Hildesheimer-Seminar Jehiel Jacob Weinberg vermittelt wurde. Dass die Kehilla der Moderne nicht gewachsen war, löste unter osteuropäischen Intellektuellen eine nie abgelegte Reserve gegenüber der westeuropäischen Orthodoxie aus. Doch auch sie sah im Verlust der alten Gemeinschaftsform einen Verlust jüdischen Eigensinns. Sie arbeitete in den Folgejahren gegen jede Form von profan motivierter Modernisierung, deren Motor sie ansonsten – gerade durch ihre Fähigkeit, das Aktuale mit dem Traditionellen überhaupt in Bezug zu setzen –, war.

Das Volk also: Von der ersten Erwähnung des Begriffs »Volk« an war im Jahre 1933 die Frage mit aufgeworfen, inwieweit dabei mögliche nationale oder zionistische Motive eine Rolle spielen. Die Frage stellte sich umso deutlicher, als Altmann zum Abschluss seines Essays eine eigene Erklärung für seine Präferenz von »Volk« und auch »Volksgemeinschaft« gegenüber dem durchaus üblichen »Gemeinde« gab: »Es ist eine Erscheinung der Galuth, wenn im Bewußtsein des Judentums das Problem der gemeindlichen Konstituierung eine solche Ueberbewertung erfahren und die Idee der Volksgemeinde zurückgedrängt hat.«

Nochmals: Ist Altmanns Bevorzugung des Begriffes »Volk« den zeitgenössischen zionistischen Strömungen zuzurechnen? Setzt man grundsätzlich an, dann wäre bereits das Fragezeichen im Titel der Schrift »Was ist jüdische Theologie?« rhetorisch zu deuten. Denn was Altmann an Antworten vorbringt, gehörte, bis auf einige Modifikationen, zu dem was gesetzestreue und ein Teil der orthodoxen Rabbiner als feststehendes und zeitunabhängiges Wissen tradierten. Das Wieder-in-Erinnerung-Rufen des bewahrten Überlieferten hieße dann nichts anderes, als die Zeit in der man es tut als eine zu verstehen, in der dieses Wissen verloren gegangen ist oder zu gehen droht oder für künftige Entscheidungen unbedingt präsent sein muss. Insofern zielt Altmanns Plädoyer auf »Volk« im nationalen und zionistischen Sinne; daraus hat er im übrigen nie einen Hehl gemacht.

Was sagt die Verwendung darüber hinaus? Hier kann die Gegenprobe Auskunft geben. Die einschlägigen Stellen zur Auserwählung sprechen vom Volk. Dieser Volksbegriff (griech. »ethnos«, lat. »gens«) hatte nichts mit dem des 19. Jahrhunderts zu tun, dessen Bedeutungshorizont die Nationalismen des 20. Jahrhunderts zutiefst prägte. Es wäre gleichzeitig eine überzogene Analogie, wollte man ein ausschließlich jüdisch-theologisches Motiv hinter der Mehrfachlesbarkeit der Passage zum »Volk« vermuten. Doch andererseits öffnet auch die Verwendung von »Volk« einen je nach Leser variablen »Ueberlieferungszusammenhang« (Julius Guttmann), in den ganz unterschiedliche Momente eingeflossen sein können, die sich damit hermeneutisch für verschiedene Deutungen anbieten. »Volk« ist bei Altmann folglich ein funktionaler Begriff, dessen Schillern durch den Kontext allerdings eingegrenzt ist. Das aber hieße, auch in der Verwendung von »Volk« eine ähnliche Aneignungsoperation zu erkennen, wie wir sie im Falle von Heideggers »Erbe« und »Schicksal« nachwiesen.

Kehren wir aber nochmals zu dem Hinweis zurück, dass die gebotene jüdische Theologie Altmanns in ihren vollständigen Korrelationsbezüglichkeiten die »Praxis« ausgespart habe. Nach all dem Gesagten war ein entscheidender Gedanke der der Aktualisierung der Tradition durch die Anrufung Gottes. Jene Aktualisierung war bereits Praxis in dem Sinne, dass im Gebet Vergangenheit, Gegenwart und Zukunft gemeinsam angerufen werden und dieser Akt als Handeln verstanden muss. Was aber noch fehlte, war ein Verständnis von »Praxis« auf den Ebenen »Offenbarung« und »Volk«. Diesem Zusammenhang widmete Altmann den Schluss seines Essays. Dort verwies er auf die Notwendigkeit, dass die deutschen Juden durch das klassische Instrument der Predigt wieder das Gefühl für ihre Volkszugehörigkeit erlangen müssen. Unter den Bedingungen des nationalsozialistischen Staates gehe es um – hier benutzt er den von Immanuel Kant herkommenden Begriff – »kulturelle Autonomie«. Aus ihr erwachse dann ein theologisch geläuterter und verlebendigter Glaube an die »Synthese von Offenbarung und Volkstum«. Ziel müsse, angesichts der Zeitumstände, das konsequente Fortschreiten von der Beschäftigung mit jüdischer Theologie hin zu einer »praktischen theologischen Aufgabe« sein.

»Gemeinde« stand folglich nicht nur für ein fehlgeschlagenes Projekt, sondern auch als fehlgeleiteter Erneuerungsversuch des entwurzelten Judentums. Wichtiger als diese Ergänzung war die erstmals vorgenommene Aufgabenzuweisung für den Rabbiner. Dessen Führungsrolle soll durch die »Predigt« legitimiert sein, wobei es bei dieser traditionellen Vorstellung doch ein wenig verwundert, dass Altmann nicht von der *Derescha* spricht, die ja gerade die Form war, in der der Rabbiner in der Synagoge seine herausgehobene Stellung bezeugte. Vielleicht lag in solchen Feinheiten das Signal an die liberalen und konservativen Juden, dass die Grenzziehungen nicht als absolut verstanden werden sollen. Auf »Predigt« als Ausdruck der Wahrnehmung des Führungsamtes hätten sich nämlich alle Strömungen – bis auf die Orthodoxie! – leicht einigen können. Aber das ist ebenfalls eher ein Randphänomen, wenn man sich das Kompromissangebot ansieht, welches im verwendeten Begriff »Synthesis« mitschwingt. Altmann entwickelte in den letzten Zeilen, deshalb wurden sie ausführlich zitiert, eine Sensibilität für die Unterschiede, die nach seiner unnachgiebigen Haltung gegenüber der Beantwortung der Frage »Was ist jüdische Theologie?« erstaunt. Zwar hatte er die zentralen Begriffe sämtlich als korrelative ausgewiesen, doch damit war das mögliche Problem der Synthesis eigentlich erledigt. Es konnte lediglich für denjenigen überhaupt relevant werden, der – wie Wiener – von einem »Dualismus« sprach oder von einer krisishaften Struktur der dialektischen Beziehung zwischen Gott und Mensch, wie es die gleichnamige »dialektische Theologie« tat. »Synthesis«, ein umgangssprachlich nicht existenter, dafür aber bei Kant und Cohen prominenter Terminus technicus, zeigte eine Mitte an, in der sich die dort ausgleichenden Positionen treffen können. Es war von Altmann bewusst unscharf gehalten worden, wie ein ansonsten ausgeschlossener Einigungspunkt aussehen könnte, und worin die angesprochenen anderen Synthesis-Probleme genauer liegen. Aber genau diese Offenheit ließ Raum zur Diskussion.

Nachdem die Gelegenheit für die Sammlung der divergierenden Positionen zumindest eröffnet wurde, erinnerte Altmann an einen anderen Strang jüdischer Identität. Wenn er davon sprach, dass die Zeit reif sei, sich an die »Gestaltung« eines Kompromisses zu machen, dann ermahnte er alle Beteiligten nicht nur mit einer stehenden Redensart, sondern griff Franz Rosenzweigs Mahnruf »Zeit ists!« an Cohen auf. Dass auch hier Erinnerung an ein Ereignis mit angesprochen wurde, das Ende Dezember 1917 an die Öffentlichkeit gekommen war und die Dringlichkeit explizit jüdischer

Bildungsarbeit anmahnte, überrascht nicht. Ebenso wie Rosenzweig nach der so genannten »Judenzählung«, dem Ende des Burgfriedens und dem Zusammenbrechen der deutschen Front die jüdische Sache in großer Gefahr sah, so sieht Altmann es 1933 geboten, alle Kräfte auf die jüdische Theologie hin zu konzentrieren. Denn sie ist für ihn der Garant der praktischen Arbeit an der notwendigen jüdisch-theologischen Erneuerung.

Altmanns Entwurf einer »jüdischen Theologie« ist heute vergessen. Liest man seinen eigenen Rückblick auf die Debatten im Jahre 1956, dann erscheinen sie für ihn als abgeschlossen. 1933 sollte der Begriff »jüdische Theologie« ein systematisches Angebot an die deutschen Juden sein, zu ihren Wurzeln zurückzukehren. Profiliert wurde der Ansatz in Abgrenzung zu bestimmten Überzeugungen der liberalen Richtung des Judentums. Es ging in der Folge um mehr als bloß darum, die Herausforderung der Stunde für eine eindringliche Wiederholung dessen zu nutzen, was für einen gesetzestreuen Juden mehr oder weniger selbstverständlich war. Die Rede von der »jüdischen Theologie« war ein Identitätsangebot, das sich, ebenso wie die Umstände 1933, radikal von allen anderen Offerten in der jüdischen Moderne unterschied. Nicht wie bisher weniger Jüdischkeit, sondern mehr – ein authentisches, in der Tradition verwurzeltes – Judentum stand zu Gebote, gerade weil es keine lebbare Alternative mehr gab. Die von Altmann postulierte Lösung präsentierte sich aber nicht als erzwungen, vielmehr als gegeben. Es war der Kairos, der zu den Ursprüngen zurückrief. Mit dem Wegfall der liberalen Option als staatlich garantierter Rahmen, war die »jüdische Theologie« der Name für die zu übernehmende Aufgabe und die Freiheit, zu einer spezifischen Partikularität Ja sagen zu können.

# Philosophie und Gesetz – Julius Guttmann und Leo Strauss im Jahr 1935

Während 1929 die Feiern anlässlich des 200. Geburtstages Moses Mendelssohns auf dem Höhepunkt der viel beschworenen und nicht minder oft bestrittenen deutsch-jüdischen Symbiose stattfanden, war die Situation sechs Jahre später, als Maimonides' 800. Geburtstages gedacht wurde, eine völlig andere. Im Jahr der »Nürnberger Gesetze« war die jüdische Gemeinschaft längst auf sich zurückgeworfen, jede Äußerung diente ausschließlich der Selbstvergewisserung. Betrachtet man vor diesem Hintergrund die realisierten Projekte rund um das Jubiläum, so lohnt es sich, für einen Moment bei ihnen zu verweilen. Mit »Rabbi Mosche Ben Maimon (Rambam/Maimonides)« war der Sonderprospekt des Berliner Schocken-Verlages überschrieben, der Neuerscheinungen aus Anlaß der 800. Wiederkehr seines Geburtstages mit einem Text ankündigte, in dem die zentrale Bedeutung des Philosophen für das traditionelle Judentum und das Denken seiner Zeit – einschließlich der Scholastik – hervorgehoben wurde.

Fünf Bücher legte der Verlag anlässlich des Jubiläums vor: Eine Broschüre mit dem Titel *Das Leben des Rabbi Mosche ben Maimon*, die der angesehene Judaist und Historiker Ismar Elbogen aus Briefen und Schriften zusammenstellte, des Weiteren eine eigens übersetzte Auswahl aus dem philosophischen Hauptwerk *More Newuchim* (Führer der Unschlüssigen), die Alexander

Altmann mit einem das Werk erläuternden »Nachwort« versah, und eine weit umfassendere Anthologie des *More*, die, so der Herausgeber Nahum Norbert Glatzer, einen systematischen Querschnitt bieten sollte. Doch nicht nur Maimonides selbst kam zu Wort. Darüber hinaus legten zwei weitere Autoren, Leo Strauss und Fritz Bamberger, Interpretationen vor, die sich systematischen Fragestellungen widmeten: Strauss die Essaysammlung *Philosophie und Gesetz. Beiträge zum Verständnis Maimunis und seiner Vorläufer*, Bamberger die Monographie *Das System des Maimonides*.

Doch eigentlich nicht durch ihr gemeinsames Auftreten im Programm des Schocken-Verlages waren sie miteinander verbunden, sondern durch die Mitarbeit an dem Prestigeprojekt der Berliner »Akademie für die Wissenschaft des Judentums«, der Jubiläumsausgabe der Werke Mendelssohns. Das unter der Leitung Ismar Elbogens, des Philosophen Julius Guttmann und des Orientalisten Eugen Mittwoch etablierte Unternehmen stand von den früheren zwanziger Jahren an im Mittelpunkt der Aktivitäten des Instituts und band zahlreiche junge Intellektuelle an die Edition. – Mit dem 1899 im hessischen Kirchhain geborenen Strauss hatte die Akademie einen 1921 bei Ernst Cassirer über Friedrich Heinrich Jacobi promovierten und unter anderem bei Martin Heidegger in Freiburg weiter ausgebildeten Philosophen gewonnen, der früh mit seiner scharfen Kritik an Hermann Cohens Spinoza-Auslegung aufgefallen war. Seit Mitte der zwanziger Jahre war er an der Akademie beschäftigt, seine Arbeit wurde dort bis 1931 durch verschiedene Stiftungen finanziert. 1930 erschien seine Auftragsarbeit zu Spinozas Religionskritik, für die er zunächst eingestellt worden war.

Sie stieß auf massiven Widerspruch vor allem bei dem Betreuer Julius Guttmann.

Seit November 1934 in die Planungen des Schocken-Verlages eingebunden war die Monographie von Fritz Bamberger. Der 1902 Geborene promovierte 1923 in Berlin mit einer Studie über die »Entstehung des Wertproblems im 19. Jahrhundert«, die im Jahr darauf publiziert wurde. Bamberger engagierte sich im Centralverein deutscher Staatsbürger jüdischen Glaubens (C. V.) und arbeitete an dem mehrbändigen Gemeinschaftswerk liberaler und konservativer Rabbiner *Lehren des Judentums aus den Quellen* mit. An der Akademie wurde er Guttmanns Assistent, edierte gemeinsam mit Strauss Bände der *Jubiläumsausgabe* und legte bereits Ende 1932 das abgeschlossene Manuskript zu *Das System des Maimonides* vor.

## Überblick als Vermittlung

Damit war die Zahl der Gemeinsamkeiten zwischen Strauss und Bamberger aber noch nicht erschöpft –, im Mittelpunkt der beiden Schriften stand neben Maimonides auf unterschiedliche Weise Julius Guttmann. Er markiert auch die denkbar größte Differenz: Während Strauss Guttmanns Interpretationen der jüdisch-mittelalterlichen Philosophie einer umfassenden Kritik unterzog, widmete Bamberger dem Vorgesetzten seine Arbeit und bewegte sich interpretatorisch ganz in den Fußstapfen seines Lehrers.

Es war die 1932 von Guttmann abgeschlossene und im Frühjahr 1933 publizierte Monographie *Die Philosophie des Judentums*, die das Gravitationszentrum der Überlegungen der beiden Jüngeren ausmachte. Die Geschichte beginnt folglich mit Guttmann.

Der 1880 in Hildesheim Geborene entstammte mütterlicher- und väterlicherseits aus alten Rabbiner- und Gelehrtenfamilien, die über ganz Europa verstreut lebten. 1892 zog die Familie nach Breslau, wo er am berühmten Johannes-Gymnasium Abitur machte, wie etwa auch sein späterer Kollege Ernst Cassirer. 1903 promovierte Guttmann an der Breslauer Universität, drei Jahre danach wurde er am dortigen Jüdisch-Theologischen Seminar approbiert, und 1911 habilitierte man ihn an seiner Alma Mater. Im Zentrum seiner Forschungen stand neben Kant von Beginn an die jüdisch-arabische mittelalterliche Tradition. 1918 erfolgte der Umzug nach Berlin, um dort an der »Hochschule für die Wissenschaft des Judentums« Philosophie zu lehren; 1922 übernahm er neben zahllosen weiteren Aufgaben den Direktorenposten der »Akademie«. Der Ideengeschichtler hatte engen Kontakt zu Werner Sombart, über den er nicht minder kenntnisreich schrieb als über Max Weber. 1934 folgte er einem Ruf der Hebräischen Universität in Jerusalem und lehrte dort bis zu seinem Tod im Jahr 1950.

Dass *Die Philosophie des Judentums* innerhalb der von Gustav Kafka herausgegebenen Reihe »Geschichte der Philosophie in Einzeldarstellungen« sein Hauptwerk wurde, verdankte er mehreren Zufällen. Vor ihm mit dieser Darstellung beauftragte Autoren starben oder sahen sich der Aufgabe nicht gewachsen. Kafka hatte auf seine christlichen Kollegen zurückgreifen müssen, da ihm Guttmann Anfang der zwanziger Jahre wegen Arbeitsüberlastung abgesagt hatte. 1924 nahm der inzwischen verzweifelnde Kafka erneut Kontakt zu dem Berliner Philosophen auf, und dieses Mal sagte er zu. Guttmann erwies sich als schwieriger Autor, der immer wieder um Aufschub bat und lange Zeit insistierte, lediglich das Mittelalter bearbeiten zu können. Nicht minder problematisch war dann die Schlussredaktion, der Herausgeber setzte dem ausgewiesenen Spezialisten immer wieder zu: Erst übte Kafka scharfe Kritik am Stil des Autors, dann vermisste er ganze Themenfelder, etwa die Kabbalah, dann wieder empfand er die Proportionen der einzelnen Kapitel als nicht ausgewogen. Als das Buch 1933 endlich erschien, geschah dies nicht nur um etliche Jahre verspätet, sondern das Werk war auch wesentlich umfangreicher als von Kafka und dem durchaus kooperativen Verleger Ernst Reinhardt ursprünglich zugestanden. Die Bürde, die erste Gesamtdarstellung auf der Höhe einer sich internationalisierenden Forschung zu schreiben, hatte Guttmann, wie er in Briefen hervorhob, jahrelang schwer belastet.

Doch bevor das Werk selbst in den Blick kommt, müssen die Geschichte des Begriffs »jüdische Philosophie« und die Denkentwicklung Guttmanns kurz gewürdigt werden.

## »Die Philosophie des Judentums«

Es war Leopold Zunz gewesen, der zum ersten Mal von »jüdischer Philosophie« sprach. Der Kontext in dem er es tat, ist bemerkenswert. In seinem 1818 gedruckten Aufsatz »Etwas über die rabbinische Literatur« gab er unter anderem Auskunft über das aus seiner Sicht sehr unterschiedliche Niveau, das jüdische Wissenschaftler in verschiedenen Disziplinen erreichten, und darüber, wie deren Errungenschaften beurteilt wurden. Verschiedentlich, etwa bei der »Rhetorik«, charakterisierte er ein bestimmtes Schrifttum als »philosophisch«; es ist deutlich herauszuhören, dass Zunz kein Freund der Philosophie war, das Wort »Philosophie« veranlasste ihn zu äußerster Zurückhaltung. Sein Satz »Die Philosophie ist bei den Juden nie zu einer festen Disziplin geworden« enthielt weitaus mehr Urteil über das Verhältnis von Philosophie und Judentum als die Rede von der »jüdischen Philosophie«. Wie Martin Ritter überzeugend darlegte, etablierte die nach Zunz' Erwähnung mit Abraham Geiger einsetzende und mit Salomon Munk zunächst endende Linie den Begriff »jüdische Philosophie«. Entscheidend für die Durchsetzung auch bei nichtjüdischen Autoren war, dass ihre Protagonisten sie als spezifische Religionsphilosophie begriffen. Zunz, Geiger und Munk, Letzterer vor allem in seiner 1849 in Paris erschienenen Schrift *Esquisse historique de la philosophie chez les Juifs*, lieferten nicht nur den Begriff und das chronologische Schema für die künftigen Historiker der »Philosophie bei den Juden« (Abraham Geiger), sondern legten auf je verschiedene Weise mit dem Mittelalter auch den Zeitpunkt fest, an dem die Liaison zwischen den Juden und der Philosophie endete.

In dieser Tradition sah sich auch Julius Guttmann. Früh begann er in Ergänzung der Forschungen seiner Vorgänger, die Notwendigkeit ideengeschichtlicher Arbeit zu reflektieren, er wollte die Philosophie aus dem alten deutschen Dualismus von historisch und systematisch befreien. Einen breit angelegten Versuch, die philosophische Frage nach einer adäquaten Stellung zu einer vergangenen Epoche zu beantworten, unternahm er in der 1922 publizierten *Festschrift zum 50jährigen Bestehen der Hochschule für die Wissenschaft des Judentums*. In dem umfassenden Essay stand das Mittelalter im Fokus der Aufmerksamkeit. Das lag nahe, denn von Sa'adia Gaon bis zu Lewi ben Gerson reichte die große Zeit des jüdischen Denkens. Neben diesem internen Grund, sich paradigmatisch dem Mittelalter zu widmen, gab es auch einen externen – die seit der Renaissance wirkungsmächtige Rede vom dunklen Mittelalter zu widerlegen. Damit aber war nur die Oberfläche seines Projektes beschrieben.

Wissenschaftlich folgenreicher und fundierter als das angeblich aufklärungsfeindliche Mittelalter war die Vorstellung von der *ordo*, die das christlich geprägte Zentraleuropa bestimmte. Das von Guttmann in den Blick genommene Mittelalter war an der Peripherie angesiedelt. Im islamischen Kulturgebiet fand die Symbiose des jüdischen mit dem islamischen und dem islamisch-griechischen Denken statt, bevor sie sich in Spanien, der Provence und dem südlichen Italien realisierte. Dass die Symbiose von hier auf die bedeutenden christlichen Religionsintellektuellen zurückwirkte, war schon die Fortsetzung der Geschichte. Bevor man dazu Überlegungen anstellte, waren die Besonderheiten einer am Mittelalter geschulten Hermeneutik der Betrachtung vergangener Denkepochen noch nicht vollständig erwähnt. Denn die *ordo* hatte in ihrem Kern ein Amalgam, das von Beginn an die christliche Reflexion auszeichnete: die gezielte Vermischung von Philosophie und Theologie. Aber genau diese Synthese, wobei damit nichts über das Mischungsverhältnis und schon gar nichts über das Gelingen gesagt war, stützte in ihrer Geschlossenheit die sich herausbildenden Staatsformen. Ein Amalgam also, das *die* maßgebliche Einheit der Zeit darstellte, war als solches bemerkenswert, denn es war gleichzeitig für die Instabilität der Konstruktion verantwortlich.

Völlig verschieden davon entwickelt sich das jüdische Denken. Hier stand, nach der Rekonstruktion von Karl Erich Grözinger, die Ausarbeitung eines auf den ersten Blick christlich-scholastischen Gottesbildes im Mittelpunkt: Der erkennbare Gott, dem keine menschlichen, vielmehr rein geistige Attribute zuzuschreiben waren – wenn auch über die *via negationis* –, sollte in seinen Beziehungen zu Welt und Mensch dargestellt werden. Die Folgen dieser Neubetrachtung waren erheblich, denn dieser neue philosophische Gott musste mit der Torah und der Halachah in Einklang stehen.

Wollte man diese konzise Beschreibung gegenüber dem zentraleuropäischen christlichen Mittelalter genauer akzentuieren, dann wäre von einem Rückstand und einem Vorsprung – oder anders gewendet – von einem Nebeneinander von Reaktion und Aufklärung zu sprechen. Anthropomorphismen Gottes waren für die Scholastik schon lange kein Problemgegenstand mehr. Er hatte sich ohne jeden Substanzverlust in ein glasperlenspielartiges Gebäude von Feinstunterscheidungen gewandelt, um gleichzeitig als Normierungsinstanz des Alltags und der internationalen Beziehungen uneingeschränkt zu walten. In der Gottesfrage schien der Glaubenskern, in die beiden erzenen Mäntel von Philosophie und Theologie geradezu eingeschlossen, keinerlei Schwanken zuzulassen. Im Judentum ereignete sich dagegen eine Krise. Denn wenn die Bedeutung von Torah und Halachah zweifelhaft wurde, erschien dies wie ein Wegreißen der tragenden Säulen. Ein aufklärerischer Frevel machte sich Platz, der, einmal in Gang gesetzt, durch seine Eigendynamik das festgezurrte Ganze an seinen Rändern schwächen und so dem Modernisierungsprozess folgenreich ausliefern würde.

Äußerst geschickt hat Grözinger die Frage nach der Rolle der Torah und des Gesetzes an das Ende seiner Überlegungen gesetzt. Damit wirkt dieser in Bewegung geratene Kern des Judentums wie die Synthese eines Syllogismus, ohne das er mit dem Ober- und Mittelsatz in einem kausalen Verhältnis stünde. Er strahlt stattdessen zurück: einerseits den Hinweis gebend, von der Tradition in alle Ewigkeit unveränderlich implantiert zu sein und damit die anderen Inhalte zu relativieren; andererseits sind Torah und Gesetz diejenigen, die verstanden werden müssen, will man die spezifische Situation des Judentums im Mittelalter begreifen.

Dass Torah und Halachah in Frage stehen, war eine Folge dessen, was im christlich-europäischen Kernland der ideologische Stabilisator war: das Zusammentreffen von *chochmat javan*, das heißt letztlich griechisch-nichtjüdischem Wissen, und jüdischer Theologie, die ganz auf Torah und Halachah als Regelungselemente vom Kleinsten bis ins Größte ausgerichtet war. Dieses jüdische Mittelalter, das sich durch eine von außen angetragene und aufgenommene Herausforderung auszeichnete, war der Gegenstand von Guttmanns langem Essay über »Religion und Wissenschaft im mittelalterlichen und modernen Denken«.

## »Religion und Wissenschaft im mittelalterlichen und modernen Denken«

Guttmann setzte mit einer weit reichenden These ein. Nach ihr bestand der entscheidende ideengeschichtliche Transformationsprozess in der veränderten Bedeutung der Religion: Sie wurde für die Philosophie zum eigenständigen genuin *philosophischen* Reflexionsgegenstand. Fortan stände das zentrale Problem der religiösen Wahrheit im Mittelpunkt eines Umbildungsprozesses, in dessen Verlauf die Wissenschaft die Religionsphilosophie und die Religion die Theologie hervorgebracht hätten.

Guttmann führte mit der Rede von der »Wissenschaft« eine dritte Instanz ein, die Initiator und Motor der beschriebenen Entwicklung war. Gleichwohl ließ sich dieses für die christliche Geistesgeschichte zutreffende Schema nicht auf das Judentum übertragen. Und so gab es für ihn im jüdischen Denken eine autonome Theologie – das wäre etwa die *Mischne Torah* des Maimonides –, während sich die häretische philosophische Spekulation über Gegenstände der Religion zu einer Religionsphilosophie synthetisierte. Aber was genau war dann in der jüdischen Entwicklung Wissenschaft? Offensichtlich verband Guttmann mit dem Begriff die Herausbildung von Rationalitätsstandards und -strukturen, die jedoch die Glaubenssätze selbst unberührt lassen. »Wissenschaft« im jüdischen Mittelalter war bei Guttmann ein Weberscher Idealtypus, der die Sonderentwicklungen berücksichtigte.

Sehr bald stießen die Wahrheitsansprüche der beiden neuen Legitimationswissenschaften »Theologie« und »Religionsphilosophie« mit ihren unterschiedlichen Ausprägungen und Geschwindigkeiten aufeinander. Doch das wurde von Guttmann ausdrücklich nicht als Bruch gegenüber früheren Kontroversen verstanden, sondern als natürlicher Vorgang: Dort wo Neues auf Altes trifft, messen sich die letzten Grundsätze ob ihrer Stimmigkeit nach außen. So müsse auch diese Opposition aufgefasst werden, denn an dieser Stelle stimme die sachliche Notwendigkeit der Debatte mit der geschichtlichen Kontinuität, die die diskursive Klärung methodischer und inhaltlicher Fragestellungen im Laufe der Jahrhunderte ergeben habe, exemplarisch überein.

Das waren die Prämissen von Guttmanns Untersuchung, die sodann Detailfragen zu klären suchte. Die allgemeinen Platzhalter wurden durch konkrete religionsphilosophische bzw. theologische Begriffe ersetzt. So trifft das den monotheistischen Religionen gemeinsame Kriterium der »Offenbarung« auf das der »absoluten metaphysischen Welterkenntnis« in der Philosophie. Die jüdische Religionsphilosophie habe dabei den Kontakt mit ihrer Kontrahentin Theologie gesucht. Ihr sei es darum zu tun gewesen, die »starke Anpassung der religiösen Gedanken an Aristotelismus und Neuplatonismus« zu vollziehen und gleichzeitig diese Entwicklung so auszugestalten, dass die beiden Axiome der Offenbarung unangetastet blieben, nämlich die »Freiheit des göttlichen Schöpfungsaktes und damit die Stellung Gottes als des souveränen Herrn der Welt«.

Gleichwohl war dies nur ein vorübergehendes Gleichgewicht absoluter Wahrheitsansprüche, denn entlang ihres Risses entstanden anders gelagerte Diskurse. Ob man den Begriff der »Erkenntnis« oder den der »Autonomie des sittlichen Bewußtseins«, beides für ihn die klassischen Felder sowohl religionsphilosophischer als auch theologischer Reflexionen, in den Mittelpunkt stellte, – es ergaben sich stets unterschiedlich geartete Konstellationen. Die Autorität der Offenbarung war mal ein entschieden von der Theologie gegenüber jeder metaphysischen Erklärung abgegrenzter Bezirk oder aber sie war religionsphilosophisch festgelegt, und die Reflexionen bezogen sich auf die von ihr ausgehenden Fragen. Letzteres entspräche ganz der Zusammenfassung der Entwicklung bei Grözinger. Damit stellte sich genau jene absolute Scheidung ein, die Alexander Altmann in seinem Essay »Metaphysik und Religion«, wie wir im ersten Kapitel sahen, rekapitulierte.

Doch die Absolutheitsbehauptungen von Religionsphilosophie und Theologie selbst bedurften der Begründung und mussten offen gelegt werden. In dem Moment, da der Schritt vom Glauben hin zum Wissen getan wurde, änderten sich bereits die scheinbar unveränderlichen Koordinaten. So geriet innerhalb des Zwitters Religionsphilosophie, dessen Koordinatensystem durch Offenbarung und Vernunft aufgespannt wurde, die unbezweifelte Offenbarung zur Frage nach dem Zweck der Offenbarung. Der Zweck fragte nach Gründen, das heißt, dass das Erkenntnisinstrument der Religionsphilosophie, die Vernunft als spekulative eingesetzt werden musste. Damit war man bei der Vernunftreligion angelangt, die ihren Namen aber erst in der Aufklärungsepoche erhielt.

Nicht anders ergeht es der Theologie. War der Kontakt, und dies geschieht um der Abweisung willen, mit aristotelischen, neuplatonischen und islamischen Philosophemen bzw. Theologoumena erst einmal gegeben, setzten die Diskussionen um zuvor gesetzte unveränderliche Glaubenswahrheiten ein. Je intensiver diese Glaubenswahrheiten verteidigt wurden, umso vielfältiger und komplexer wurden die Begründungsstrukturen, die Fragen und Antworten aufwarfen.

Guttmanns Darstellung dieser Zusammenhänge beruhte auf der Idee zweier Pole, die mit den Fragen des modernen Mittelalters konfrontiert wurden. Doch sehr schnell zeigten sich beide Systeme flexibler als es diese Anordnung suggerierte. Seine Nachzeichnung der folgenden Entwicklung zielte denn auch auf die immense Bandbreite reflexiver Formen ab, die sich nicht in der Befürwortung und Ablehnung von außen kommender Wahrheitsansprüche erschöpften. Sie erwiesen sich als dynamische Systeme, die Anpassungsprozesse nicht als Verlusterfahrungen ausformulierten, sondern als Möglichkeiten, die in den Kerngehalten selbst angelegt waren. Versucht man Guttmanns Überlegungen präziser zu fassen, muss man seine Sicht auf das Mittelalter um diejenige auf die Aufklärung ergänzen.

Zwischen Mittelalter und Aufklärung lassen sich exakt nachzuzeichnende Verbindungen aufweisen. Der einmal in Gang gesetzte Prozess einer christlich inspirierten Rationalisierung der Religion, die dadurch zur Theologie wurde, und die Verbindung, die griechisches, islamisches und christliches Denken mit dem hoch entwickelten gesetzestreuen Judentum am geographischen Rand des alten Europa eingingen, kannte ständige Umformungen von Einzelgehalten und Bezügen. Gleichwohl standen die beiden absoluten, sich dennoch als äußerst flexibel erweisenden Begriffe »Offenbarung« und »Vernunft« von nun an in einem Korrelationsverhältnis. Die drei monotheistischen Religionen reagierten darauf in sehr unterschiedlicher Weise. Innerhalb der jüdischen Theologie blieb unbestritten, dass sich eine genuine jüdische Philosophie nur dann werde etablieren können, wenn sie die Zentralstellung von Torah und Halachah leugnete. Doch auch die religionsphilosophische Option geriet sofort in ein extremes Spannungsfeld. Sie konnte, wenn sie sich denn überhaupt auf das Gebiet des *chochmat javan* einlassen wollte, entweder nach Lücken in der traditionellen Literatur sowie in der griechisch-arabischen Philosophie Ausschau halten, die dann gefüllt werden mussten, oder den noch komplizierteren Weg gehen, indem sie eine genuine Parallelität zwischen philosophischem und religiösem Denken vom Standpunkt der Philosophie selbst behauptete.

Guttmann sah auf beiden Feldern Synthesen in der Erprobung. Das Mittelalter, als die frühe Aufklärung, war der Kampfplatz, auf dem über den Ort der Philosophie im System der Wissenschaften entschieden wurde. Denn als frühe Aufklärung war sie per se häretisch, störte die Kreise des der Torah und der Halachah verpflichteten Judentums.

Für Guttmann war das Mittelalter daher jene Epoche, die das jüdische Denken, das bis dahin nahezu vollständig auf die Tradierung des Glaubens mittels aus ihm selbst hervorgegangener Methoden bezogen war, erweckte und in der der komplexe Prozess zwischen Selbstständigkeit und Anpassung an bzw. gegenüber griechischer und islamisch-griechischer Philosophie begann. Wie aber analysierte man diesen Zeitraum? Die beiden klassischen Methoden waren durch den bereits erwähnten Dualismus »historisch« versus »systematisch« bezeichnet. Der doxographische Versuch, mittels der zeitgenössischen Terminologie die zentralen Gehalte des Denkens nachzuzeichnen, um daraufhin, deutlich abgrenzt, in der jeweiligen philosophischen Sprache diese Rekonstruktion zu bewerten, war die eine Möglichkeit. Die andere war durch eine eigene

Systematik gekennzeichnet – der zumeist ein spezifisches Vokabular eignete –, die mit einem anderen Denken konfrontiert wurde. Das konnte als »Destruktion«, wie bei Heidegger, oder von jeder anderen systematischen Position aus geschehen. Guttmann war sich der Alternative bewusst. Ohne jede weitere Begründung streute er in seine Rekonstruktion Begriffe und Formulierungen wie »Autonomie vom religiösen und sittlichen Bewußtsein« oder vom »Überlieferungszusammenhang« ein. Das hieß trotz der erkennbaren Übernahme einer seit Kant üblichen Begrifflichkeit nicht, dass Guttmann durch die Brille des Königsberger Philosophen oder jene seiner Nachfolger auf die mittelalterliche jüdische Religionsphilosophie blickte.

Vielmehr versuchte er mittels dieser Begriffe, die am Ende der Abhandlung im Zusammenhang mit einer Analyse von Schleiermachers Hermeneutik kritisiert wurden, den Inhalt der damaligen Auseinandersetzungen so wiederzugeben, dass es zeitgenössisch verständlich wurde. Dabei achtete er sehr genau darauf, dass er keine Aktualisierung der ursprünglichen Gehalte vornahm. Des Weiteren verzichtete er auf die seinerzeit beliebten Kategorien der Überwindung, der Widerlegung oder der Verschärfung. Für Guttmann war das Mittelalter trotz allen Festhaltens an der Tradition bereits eine Epoche, in der sich das Judentum durch Auseinandersetzungen und, in deren Folge, durch ständige Veränderungen auszeichnete. Es war nicht zum zweiten Male nach der Antike quasi in aller Unschuld auf die Herausforderungen des Neuen gestoßen, sondern es hatte sich gewandelt ohne sich dabei untreu zu werden. So zeigte sich in Guttmanns Darstellung das jüdische Denken der neuen Situation gewachsen, indem es im Mittelalter die weiteren angebotenen Transformationsprozesse zunächst mitmachte und dann mitgestaltete.

Das alles klang tatsächlich nach einem Mittelweg zwischen »historisch« und »systematisch«, war aber tatsächlich frei von dieser Alternative. Geschichtlich Überliefertes ließ sich in die Problematik des Dualismus nur dann einspeisen, wenn es der Philosophie allein angehörte. Da jedoch die beiden Teile Religion und Philosophie ihren jeweiligen Anteil am Erkenntnisprozess hatten, ließen sie sich per se nicht in »historisch« und »systematisch« aufteilen. Beide formulierten sowohl unverrückbare Wahrheiten aus der Tradition, als auch genuin moderne Vorstellungen, die durch den Kontakt zwischen Philosophie und Theologie entstanden.

Das Hineintragen von Motiven der Aufklärungsphilosophie in das mittelalterliche Denken führte bei Guttmann nicht zu einer reinen Fortschrittsapologie, sondern zu einer sehr ausdifferenzierten Sichtweise. Man müsse gelegentlich etwas der Zeit selbst Fremdes in die »unmittelbaren Intentionen des Mittelalters« hineintragen, denn es gebe das »Recht der geschichtlichen Betrachtung der Probleme, auch ihre latenten Zusammenhänge aufzudecken.«

## Philosophie des Judentums als einheitliche Religionsphilosophie

Elf Jahre nach dem großen Essay über Religion und Wissenschaft in Mittelalter und Moderne veröffentlichte Guttmann sein Hauptwerk *Die Philosophie des Judentums*. Wer die Originalausgabe aus dem Jahr 1933 aufschlägt, findet auf Glanzpapier ein Bild des Maimonides, das aus einem bekannten Sammelwerk des 18. Jahrhunderts stammt. Darunter setzte man die »eigenhändige Unterschrift des Maimonides«, so wie sie in einer beglaubigten Oxforder Handschrift der *Mischne Torah* aus dem 12. Jahrhundert zu finden war. Bereitet die Mischung von aufgeklärter Moderne und Mittelalter den Leser auf die Konzeption der *Philosophie des Judentums* bloß vor? Oder versinnbildlichte sich hier Guttmanns Idee, dass man die latenten Zusammenhänge zwischen Mittelalter und Moderne konsequent durch deren begründete Kombination ans Licht bringen könne?

Die Fragen scheinen sich nach einem Blick ins Inhaltsverzeichnis leicht beantworten zu lassen. Nach wenig mehr als vierzig Seiten über das Altertum wird die »jüdische Religionsphilosophie im Mittelalter« auf über zweihundertvierzig Seiten gewürdigt, was weit mehr als die Hälfte der Monographie ausmacht. Maimonides selbst ist mit mehr als dreißig Seiten und einer umfangreichen Rezeptionsgeschichte der Mittelpunkt der Abhandlung. So bleiben sechzig Seiten für die Neuzeit, die bei Moses Mendelssohn beginnt und bei Hermann Cohen endet. Fünfzig Seiten machen dann noch Bibliographie, Anmerkungen, Namens- und Sachregister aus.

Ein klassisches Muster kündigte sich an, gegen das einzig David Neumark in seiner unvollendet gebliebenen, monumentalen, von 1907 bis 1928 erschienenen *Geschichte der jüdischen Philosophie des Mittelalters nach Problemen* ebenso gelehrt wie aggressiv und erfolglos anschrieb. Seine vier leitenden Argumente wie »jüdische Philosophie« gefasst und analysiert werden könne, nämlich dass deren Geschichte nur unter philosophischen Gesichtspunkten zu betrachten sei; dass »jüdische Philosophie« ausschließlich im Mittelalter gefunden werden könne; dass das Erkenntnisinteresse an der »jüdischen Philosophie« deren philosophischen Inhalt betreffen müsse und endlich, dass die systematische Darlegung der Grundlehren der »jüdischen Philosophie« auf der »Basis einer modernen philosophischen Weltanschauung« zu beruhen habe, wurden von den Zeitgenossen in aller Schärfe abgelehnt. Guttmann erklärte denn auch in den Eingangssätzen die bekannte, von Zunz bis Munk geprägte religionsphilosophische Sichtweise als die seine.

Diese Sichtweise, die er auch in dem umfangreichen Eintrag »Religionsphilosophie, Jüdische« im *Jüdischen Lexikon* von 1930 bereits ausführte, bot also keine Überraschung mehr. Mehr noch, Guttmann begnügte sich mit dem Hinweis, dass die philosophischen Reflexionen von der jüdischen Religion her betrachtet würden und der Stoff nach deren Kriterien analysiert worden sei. Damit war die These einer Strukturähnlichkeit der jüdisch-philosophischen mit der christlichen und mit der islamischen Überlieferung hergestellt, die später für Nachfragen sorgen würde.

Eine solche Religionsphilosophie war, dies die Leitmelodie des Buches, aus der Mitte des auf Torah und Halachah ruhenden Judentums selbst gewonnen. Guttmann strebte folglich danach, eine Ideengeschichte zu erzählen, die ihrer eigenen Logik gehorchte. Nichts dem Verlauf der Entwicklung Fremdes sollte dem Gang der Personen, Werke und Argumente hinzugefügt werden. Eingebettet wurde die Erzählung in eine Art Kontinuitätspostulat. Es galt, die von der Antike über das Mittelalter zur Neuzeit reichende Tradition rationaler Entwürfe mit allen ihren Wandlungen, Brüchen und Sackgassen darzustellen. Ähnlich wie Albert Lewkowitz' dreibändige Darstellung über die jüdisch-religionsphilosophischen Strömungen seit der Renaissance, so orientierte sich Guttmanns *Philosophie des Judentums* an Ernst Cassirers vierbändigem Werk *Das Erkenntnisproblem in der Philosophie und Wissenschaft der neueren Zeit* – Publikationen, die allesamt durch den Ausweis gleichbleibender Problem- und Fragestellungen Kontinuität über die Jahrhunderte hinweg herstellten. Auch Guttmanns Buch begab sich also absichtsvoll in die lange Reihe ideengeschichtlicher Erzählungen, die das Material synthetisierend ordneten.

Wenn, allgemein gesprochen, im Bezug auf die Antike von Abwehr mythischer Einflüsse und der bedeutenden Rolle der Sittlichkeit die Rede ist, dann in erster Linie, um solche Motive zu etablieren, da sie immer wieder die Grundstrukturen jüdischer Religionsphilosophie ausmachen. Die dabei gewonnenen »Formen der Begriffsbildung« waren aber für Guttmann nur die Vorbereitung einer neuen Epoche, die das erreichte Problembewusstsein – eine dezidiert von Cassirer stammende Überlegung – transformierte und dadurch vollständig neu präsentierte. Denn im Mittelalter fand statt, was zuvor nicht ausformuliert worden war: die notwendige philosophische Interpretation der jüdischen Tradition. Das hieß Umstellungen vorzunehmen, die vor allem anderen die klassische, das heißt überwiegend aristotelische Metaphysik betraf. Der personalistische Gottesbegriff der Torah entzog sich naturgemäß dem Begriffsschema des Aristoteles und mehr noch des Aristotelismus. Hier lag für die mittelalterlichen Denker eine entscheidende Herausforderung, die Grözinger zu Recht als Weg von einem nicht anthropomorphen Gottesbild hin zu einer neuen Anthropologie gekennzeichnet hatte.

## Umbildungen und der Einheitsgedanke

Guttmanns Interpret Eliezer Schweid sah in dem scheinbaren Ausgleich, der in den Transformationen zwischen religiösem Denken und Philosophie gelingen sollte, eine »tension dialectique« fortwirken, die die *Philosophie des Judentums* selbst durchziehe. Die Anmerkung rekurrierte auf den Versuch, in der langen Geschichte des Mittelalters Balancen diagnostizieren und dann interpretieren zu wollen. Die immer wieder konstatierte stillschweigende Angleichung zwischen etwa neuplatonischen Axiomen und den religionsphilosophischen Reflexionen war der Versuch, der Entwicklung etwas wie ein alles zusammenhaltendes Motiv abzuringen: einen Einheitsgedanken. Es war nicht nur die Fixierung auf Synthesen, die Guttmann eine besondere Aufmerksamkeit für Strukturähnlichkeiten zwischen traditionellen philosophischen Argumenten und Beweisen mit solchen, wie sie das Judentum zur Begründung seines Monotheismus und des Gottesbildes erarbeitet hatte, zu schenken veranlasste.

Das hieß alles andere als eine eindimensionale Geschichte rekonstruieren zu wollen. So bedeutete der Einbruch der Aristoteliker und ihre neuartigen Denkfiguren für Guttmann genau die Konfrontation mit der von Schweid festgestellten »tension dialectique«, der er sich auch stellte, ohne eine Konklusion herzustellen. Sie bestand für Guttmann sowohl zwischen dem Aristotelismus und dem jüdischen Denken als auch innerhalb der beiden Denktraditionen. Gerade dies, so sein Postulat, müsse für die Analyse des Mittelalters ständig berücksichtigt werden.

Die neue Unübersichtlichkeit führte zu einer vorübergehenden, über Maimonides hinausreichenden radikalen Trennung. Einerseits stellten die jüdischen Religionsphilosophen zwischen dem islamisch beeinflussten Aristotelismus und den Grundsätzen ihres Glaubens die gleichen Intentionen fest. Andererseits aber blieben alle Versuche, den personalistischen Gott philosophisch einzuholen, zum Scheitern verurteilt. Ideengeschichte konnte für Guttmann also durchaus zum Ideendrama werden.

Bei diesem Konflikt konnte er naturgemäß nicht stehen bleiben. Und so versucht er den beschriebenen Hiat *mit* den Autoren methodisch zu lösen. Maimonides rückte in das Zentrum der Darstellung, war er doch für Guttmann der entscheidende Neuerer. Denn er und seine Nachfolger legten den Finger in die vom Historiker diagnostizierte Wunde und suchten sie explizit von innen zu heilen.

Maimonides' um 1190 abgeschlossener *More Newuchim* – Guttmann übersetzte *Führer der Schwankenden* – war das religionsphilosophische Hauptwerk. Der sich immer stärker hinauskristallisierende Gegensatz zwischen »Philosophie und Offenbarung« – ihre Dichotomie wurde vor allem in den zwanziger und dreißiger Jahren des 20. Jahrhunderts hervorgehoben und entspricht kaum noch heutiger Forschung – verlangte nach einer Lösung. Guttmann bot sie mit Maimonides, indem er eine wesentliche Identität der zentralen Aussagen konzedierte. Gleichwohl, und dieser Einwand war bekannt, habe Maimonides die Elemente des Aristotelismus, die einer Symbiose mit der Offenbarungsreligion entgegenstanden, gezielt ausgegliedert, um so den Ausgleich zwischen ihnen genauer angeben zu können.

Wie immer man Guttmanns Harmonisierung verstehen mag, er konnte textliche Befunde liefern, die stets die Amalgamierung von Argumenten zur Grundlage hatten. Dass Neuplatonismen aristotelischen Erbstücken aufgepfropft wurden, war dem Ideengeschichtler nicht entgangen, und er wertete das gelegentliche *mixtum compositum* als Versuch, den Extremen Philosophie und Offenbarung Ausgleichsmöglichkeiten anzubieten. Nicht zuletzt die Deutung der negativen Attributenlehre wurde so organisiert. Ausgehend von der einfachen Vorstellung, dass Gott keine Eigenschaften positiv zugeschrieben werden könnten – eine der Tradition wohlbekannte Idee –, musste der umgekehrte Weg beschritten werden, der aber doch positiv endete, und gleichzeitig das dafür anzuwendende Verfahren negativ angesetzt werden.

Es hatte in der Literatur zu Maimonides einen langen Streit darüber gegeben, inwiefern die Durchführung der Attributenlehre selbst und deren *conclusio* unterschiedliche Gottesvorstellungen voraussetzen. David Kaufmann und Salomon Munk auf der einen und David Neumark auf der anderen Seite waren die berühmtesten Protagonisten in einem scharfen Streit. Guttmann referierte den Streit, um letztlich eine synthetische Lösung anzubieten. Danach sah sich Maimonides gezwungen, das der technisch durchgeführten negativen Attributenlehre zugrunde liegende Gottesbild zu ändern. Dies geschah ausschließlich um die Annäherung an den personalistischen Gott noch weitertreiben zu können.

Am Ende schrieb Guttmann, dass etwa das Zeremonialgesetz an die Peripherie der Religion im Sinne des Maimonides gerückt sei, während das Gesetz selbst sowohl historisch als auch über seinen Zweck philosophisch begründet werden konnte, ohne es selbst damit einzuschränken. Die Waage war im Gleichgewicht, der Ausgleich zwischen Jerusalem und Athen hergestellt.

War damit der Ziel- und Höhepunkt jüdischer Religionsphilosophie erreicht? Für die Dramaturgie Guttmanns muss diese Frage bejaht werden. Die Nachfolger vermochten das prekäre Gleichgewicht nicht länger zu halten. Der leidenschaftliche Streit, der sich schnell um den *More* entzündete, schuf eine neue Situation. Eine zunehmend radikale Aufklärung stand einer neuen Orthodoxie gegenüber. Erst Hasdai Crescas schlichtete den Streit insofern, als er ganz vom Standpunkt der Torah aus über die Philosophie zu Gericht saß.

## Das Ende der Synthese?

Die anschließende Geschichte war der immer deutlicher werdenden Trennung von Religion und Philosophie gewidmet. Spinozas *Theologisch-politischer Traktat* war für Guttmann die endgültige Festschreibung der Opposition von Philosophie und Offenbarung. Anders als Spinoza und seinen Nachfolgern, deren Lehren der Historiker Jonathan I. Israel ohne Rückgriff auf die hier dargestellte Debatte als *Radical Enlightenment* eingemeindete, ging es dem jungen Mendelssohn zunächst um die Wiederherstellung des alten Gleichgewichts zwischen Vernunft und Offenbarung. Die so entstandene Vernunftreligion geriet bekanntlich unter den

Druck christlicher Denker, der Mendelssohn 1783 in seinem Traktat *Jerusalem oder über religiöse Macht und Judentum* dazu brachte, eine Zwei-Reiche-Lehre zu konzipieren. Der Tribut an die Moderne war, die inhaltliche Synthese zugunsten einer jeweiligen Treue dem Neuen gegenüber aufzugeben. Philosophie und Judentum trennten sich. An dieser Feststellung konnte die erstmals 1919 aus dem Nachlass von Hermann Cohen herausgegebene *Religion der Vernunft aus den Quellen des Judentums* nichts ändern. Der Befund blieb der gleiche.

Damit war die Idee des Kontinuitätspostulats weniger zerstört denn bestätigt. Was die Antike vorbereitete und das Mittelalter vollendete, wurde in der Moderne entweder historisiert oder immer kleinteiliger umgebaut. Entscheidend an der Entwicklung war, dass diese Phasen die innere Bindung an die Korrelation von Philosophie und Offenbarung aufrechterhielten und realisierten, dass die Auseinandersetzung mit den beiden Sphären einer starken Drift unterlag. Die Synthese musste daher in der Moderne in Philosophie und Offenbarung selbst gefunden werden. Das Maß der Herausforderung war angewachsen.

Diese neuerliche »tension dialectique« war – bei allem Vorbehalt – noch näher an die Gegenwart des Jahres 1933 heranzurücken, sie war Teil von Guttmanns Zeitdiagnostik. Er platzierte seine Erzählung als Teil eines republikanisch-demokratischen Projekts. Danach galt es dem zunehmenden Zerfallsprozess der Weimarer Republik, der dramatisch seinen Ausdruck im so genannten »Preußenschlag« im Jahr 1932 fand, ein in sich abgeschlossenes, Ausgleich findendes Stück Geschichtslehre entgegenzusetzen. Guttmann schloss sein Manuskript noch vor der nationalsozialistischen »Machtergreifung« ab, und so konnte er, anders als Max Wiener, auch kein bilanzierendes Wort mehr anfügen. Es ist aber bezeichnend, dass Guttman erst nach dem Ende des Zweiten Weltkrieges sich erneut mit seiner *Philosophie des Judentums* auseinandersetzte und umfangreiche Kapitel zu Nachman Krochmal und Franz Rosenzweig hinzufügte. Die für die hebräische Ausgabe gedachten Abschnitte verfasste Guttmann in deutscher Sprache ohne sie in dieser jemals zugänglich zu machen: eine letzte »tension dialectique« in seinem Leben.

Isak Heinemann, ein Duz-Freund Guttmanns und mit diesem familiär verbunden, Herausgeber der renommierten *Monatsschrift für Geschichte und Wissenschaft des Judentums*, legte unmittelbar nach dem Erscheinen der *Philosophie des Judentums* eine ausführliche Besprechung vor. Nachdem er die Vorzüge gegenüber früheren Darstellungen der jüdischen Religionsphilosophie des Mittelalters nachgezeichnet hatte, folgte die Kritik. So kämen die nicht-rationalen Momente zu kurz, – womit er nicht das meinte, was Guttmann ablehnte und wohinter Heinemann zu Recht Martin Buber und Franz Rosenzweig vermutete, die als »wissenschaftlicher Ausdruck eines Lebensgefühls« in die Werke eingeflossen seien. Das hier fein Angedeutete, später als »prärationale Formkräfte« Bezeichnete, mache den »jüdischen Einschlag der Systeme« erst aus. Heinemann präzisierte dies nicht weiter; jedoch durch die nachfolgende Bemerkung, Guttmann übergehe fast völlig die mystischen Strömungen, streife die Kabbalah nur, lasse die Apokryphen und die »ihnen verwandten Midraschwerke« beiseite, ergab sich ein genaueres Bild der Kritik. Andererseits registrierte der Breslauer Gelehrte, dass Guttmann durchaus persönliche Wertungen vornahm und mit abwertenden Geschmacksurteilen nicht sparte.

Was Heinemann zwischen den Zeilen deutlich heraushob, war ein grundsätzlicher methodischer Einwand: Guttmann widmete seine Aufmerksamkeit nahezu vollständig der mittelalterlichen jüdischen Religionsphilosophie, aber die Bewertungskriterien selbst kamen nicht aus ihr. War also die Idee der inneren Logik der Entwicklungsgeschichte gescheitert? War *Die Philosophie des Judentums* ein Dokument der Überlegenheit des modernen Denkens über die Religionsphilosophie des Mittelalters?

## Leo Strauss' *Philosophie und Gesetz*

Nicht so sehr historisch, sondern, wie der Lektor des Schocken-Verlags Moritz Spitzer formulierte, philosophisch-aktuell sollte *Philosophie und Gesetz* verstanden werden. Was darunter zu verstehen war, wurde deutlich ausgesprochen, Maimonides als der Führer aus der gegenwärtigen Verwirrung vorgestellt. Gemeint war die Entwicklung des Judentums, dessen Orientierungslosigkeit durch Strauss mittels Rückgriff auf das Mittelalter eine Erklärung erfahre. Die Antwort auf die Situation werde ganz im Sinne des Maimonides gegeben: Treue zum Gesetz schließe genuin das politische Verständnis der Offenbarung ein. Platoniker sei er gewesen, nicht Aristoteliker.

Mit diesem als Separatdruck den Neuerscheinungen beigelegten Ankündigungstext warb der Schocken-Verlag für das neue Buch von Leo Strauss. Mehr als irgendwo sonst wurde in den hier erstmals zitierten Zeilen auf den zeitgeschichtlichen Bezug von *Philosophie und Gesetz* aufmerksam gemacht. Was im Buch selbst allenfalls durch fein eingestreute Signalbegriffe informierten Leser mitgeteilt wurde, war hier ausdrücklich hervorgehoben. Strauss hatte offensichtlich einen Kommentar zur Zeit mit den Mitteln der Philosophie geschrieben. Was aber erwartete den Leser eines Buches, das seit seinem Erscheinen den Ruf hatte, sperrig und in sich widersprüchlich und hoch artifiziell zu sein?

Leo Strauss begann seine Abhandlung *Philosophie und Gesetz* mit einem Hinweis auf Hermann Cohen. Und ganz im Gegensatz zu der ansonsten von ihm verordneten, selbst selten eingehaltenen, Exaktheit im Zitieren und im Anordnen von Argumenten – wobei sich all das im Bestreben bündelte, andere zu widerlegen und gleichzeitig Klassiker ihrer einzig richtigen Auslegung zuzuführen – lieferte Strauss keinen Ausweis für das vermeintliche Zitat. Die ersten Zeilen, die zudem die Absicht der Schrift offenlegen sollten, wirkten wie das gezielt falsch spielende Fagott oder die Pauke in späten Symphonien Joseph Haydns. Genauer konnte man das Ziel nicht anvisieren als durch bewusst gesetzte Irritationen: Hermann Cohens berühmtes Wort, wonach Maimonides der »Klassiker des Rationalismus« sei, erweise sich als treffender als der Autor es glaube, wenn auch in einem direkt gegenläufigen Sinn. Denn der eigentümliche Rationalismus des mittelalterlichen Denkens, an dem jeder moderne Rationalismus zerschelle, müsse um jeden Preis herausgestellt werden. Die Sammlung *Philosophie und Gesetz* wolle nichts anderes als diese These gegen die Auslegung der Moderne zu setzen.

Cohens Rede von Maimonides als dem »Klassiker des Rationalismus« war den Zeitgenossen geläufig. In dessen letztem Werk, *Religion der Vernunft aus den Quellen des Judentums*, sprach er wiederholt mehrfach in genau gesetzten Zusammenhängen über den Rationalisten Maimonides. Dass die Rede vom »Klassiker« nicht eine billige Kennzeichnung oder ein Versuch der Kanonisierung war, bewies das vollständige Zitat. »Maimonides aber wird zum Klassiker des Rationalismus für den Monotheismus an entscheidender Stelle dadurch, daß er das überkommene Problem der negativen Attribute zur Aufhebung bringt durch die *Verbindung der Negation mit der Privation.*« Warum schnitt Strauss den Satz aus dem Zusammenhang heraus? Zwei Gründe lagen auf der Hand. Einmal schon hatte er vorführen wollen, dass Cohen eine richtige, aber nicht radikal genug formulierte Kritik mit falschen Argumenten an Spinoza übe, und schließlich brachte er nun den stets als »Rationalisten« charakterisierten Cohen mit *dem* Denker des Mittelalters so zusammen, dass mit der Widerlegung des einen der Zugang zum anderen offen wurde.

Die Ouvertüre, ließ man sich auf sie ein, beinhaltete also bereits die Leitmelodie von *Philosophie und Gesetz*.

Von dieser Feststellung aus erschien Strauss' Denkentwicklung im Rückblick folgerichtig. Seine 1930 publizierte Schrift zur *Religionskritik Spinozas* konnte mit guten Argumenten als Versuch gelesen werden, einen der Gründerväter des modernen Rationalismus in der Weise zu analysieren, dass sich die als Moderne begreifende Gegenwart der Weimarer Republik in keiner Weise auf die von ihr behauptete Tradition berufen durfte. Ihre geistesgeschichtliche Legitimation war für Strauss ein schlechter Scherz. Man könnte das methodische Lieblingswort der

Zeit, nämlich Heideggers Rede von der notwendigen Destruktion der bisherigen Philosophiegeschichte nehmen, um die Lektüreabsicht schlagartig zu erhellen.

Strauss kombinierte die Idee der »Destruktion« mit einer fundamentaleren Absicht. Heideggers Vorhaben in *Sein und Zeit* gab vor, an den Ursprungsort einer Entwicklung zurückzukehren, um den dort stattfindenden Gründungsakt zwar nicht zu revidieren, aber das Fundament des Weiteren als brüchig auszuweisen und, darin implizit mit geäußert, eine andere, vermeintlich »richtigere« Geschichte als Alternative zu präsentieren. Von Beginn an weit reichender war das Vorhaben Strauss', in dessen Mittelpunkt nicht erst seit *Philosophie und Gesetz* die »prinzipielle philosophische Erörterung des *Problems der Aufklärung*« stand. Seit dem Buch zur *Religionskritik Spinozas* ging es um eine Geschichte der Verfehlungen der Aufklärung: Sie habe von Mitteln gezehrt, die sie sich illegitim angeeignet und zur Unterdrückung der Tradition angewendet habe. Sie stand letztlich für den selbstbewusst verkündeten Sieg der Vernunft über die Idee der Offenbarung.

In der Ouvertüre von *Philosophie und Gesetz* hatte Strauss eine Verdichtung seiner Themen erreicht, wie sie ihm später nicht mehr gelang. Das in nur wenigen Wochen verfasste Werk wollte die Dramatik der geschichtlichen Entwicklung in die Ideengeschichte hineintragen. Als es Anfang 1935 abgeschlossen wurde, schien klar, dass das, was Guttmann und vor ihm Cohen vertraten, um des Judentums willen öffentliche Gegenrede benötigte. Die Entstehung der »Einleitung« verdient vor dem zeitdiagnostischen Hintergrund eine besondere Beachtung, denn es scheint so, als sei sie Strauss während des Schreibens immer wichtiger geworden. Noch am 14. Dezember 1934 schrieb er seinem Lektor: »Vor die drei Aufsätze würde ich gerne eine ca. 8 Schreibmaschinenseiten lange Einleitung setzen, in der ich den Sinn und die Aufgabe der folgenden Erörterungen darlegen würde.« Am Ende wurden es zwanzig Druckseiten. Strauss legte darin nichts weniger als ein Forschungsprogramm vor, das er bis zu seinem Tod 1973 verfolgte.

## Erste Schritte im Labyrinth

Analysiert man die Argumente in der »Einleitung« auf herkömmliche Weise, dann geht ein großer Teil des Reizes verloren. Vor allem konstituierte sie sich nämlich mittels einer Ineinanderblendung verschiedener Stilelemente: Der gezielt gestreute Verdacht wurde inmitten minutiöser Textanalysen platziert; das des Kontextes beraubte Zitat fand sich an der Seite einer gelehrten Bemerkung wieder; die Entschiedenheit des Urteils wurde je nach Lage mit Hilfe einer darauffolgenden Nennung von Autoritäten verstärkt oder abgeschwächt. Die »Einleitung« setzt sich gegen die eigene Zeit, indem sie Bekenntnisse formuliert, die aus uralten Zeiten stammen und zeitlos jüdisch sind. So ist *Philosophie und Gesetz* letztlich insgesamt nicht nur durch die vier Texte, die im Zeitraum von 1931 bis Januar 1935 entstanden, ein Amalgam; es ist es in einer weit reichenden und wohl kalkulierten Absicht unbedingt in der argumentativen Struktur. Es sollte sich also lohnen, das nach Alan Bloom zu den Schriften des »pre-Straussean Strauss« gehörende Buch ein zweites Mal zu beginnen.

In der »Einleitung« ging es Strauss zunächst um den Rationalismus Maimonides', der in mehrfacher Hinsicht als Maßstab genommen wurde. Zunächst sollte er eine Gegenwartsanalyse ermöglichen. Der moderne Rationalismus und der aus ihm hervorgehende Irrationalismus seien die Produzenten eines »Schein-Rationalismus« – ein geschlossener Kreis, der, um Gegenwartsanalyse zu ermöglichen, durchbrochen und anschließend mit neuen Mitteln vollkommen neu zusammengesetzt werden musste. Die moderne Sophistik mit ihren vermeintlich bloß oberflächlichen Selbstbetrachtungen schied für Strauss im Weltanschauungskampf aus. Das Heute lieferte keine Antwort auf die alten Fragen, sondern einzig die Argumentations- und Symbolspeicher der Vergangenheit halfen weiter, um die alles auflösende Aufklärung hintergehen zu können. Dazu aber, das war die Pointe gleich zu Anfang, müsse man sich durchaus des Vokabulars bedienen, das die Aufklärung den Zeitläuften aufdrücke. Vor allem das dieser Form der »Aufklärung« traditionell entgegenstehende Judentum war Strauss zufolge von ihr vollständig eingenommen.

Diese Setzung beabsichtigte es, die Situation des Judentums überhistorisch zu bestimmen. Wollte man den Satz karikieren, dann würde er lauten: Egal was geschah, die jeweils gegenwärtige Lage des Judentums war als solche durch die »Aufklärung« gekennzeichnet. Das klang entschieden und wollte auch so verstanden werden. Dass dies historisch und ideengeschichtlich leicht widerlegbar war, stand auf einem Blatt, welches im Jahre 1935 nicht mehr aufgeschlagen wurde. *Diese* »Aufklärung« blieb ebenso ein Rätselbild, wie das ihr opponierende Judentum. Doch da es sich um eine thetische Setzung handelte, lieferte Strauss auch keine Erklärung im Nachfolgenden, vielmehr machte er sich daran Wegmarken des Entwicklungsganges zu nennen. Descartes' *Meditationen* und Hobbes' *Leviathan* waren die Gründungsdokumente, auf die die gegenwärtig herrschende Aufklärung verweise.

An solchen Stellen gehört die Erinnerung an die Mischung der Stilelemente zu den Möglichkeiten, Orientierung im gut organisierten Labyrinth der Argumentation zu finden. Strauss' Ziel war es, so schnell wie möglich auf die Krise des durch die »Aufklärung« geprägten Judentums zuzusteuern und dabei den üblichen Referenzrahmen der Aufklärer aufzurufen. Philosophie und Gesetz nämlich, das ist die stets gegenwärtige Quintessenz, hatten durch die Missachtung ihrer Unvereinbarkeit Substanzverluste erlitten, die sich in den Zeitläuften spiegelten. In einer spiralförmigen Anordnung war es allem aufgeklärten Denken daran gelegen, den für Strauss nicht überbrückbaren Hiat zwischen den beiden Antagonismen zu schließen, oder genauer: Es lag in ihrer inneren Dynamik, ihn immer größer zu machen. Diese führte zu einer Unterminierung etwa des Wunderglaubens und all der anderen Fundamente des torahgläubigen und halachahtreuen Judentums.

Doch Strauss lieferte keine Einzelanalysen, Namen oder Strukturen, beließ es bei der Rede von »Aufklärung«, deren religiöse Technik für ihn die »Verinnerlichung« war. Wenn man unterstellte, dass diese ursprünglich protestantische Haltung in das aufgeklärte jüdische intellektuelle Milieu eingewandert war, so stellte sich die Frage, wie das geschehen konnte und wer die Tendenz verstärkt hatte.

Sichtbarer wurde der Gegner erst, nachdem Strauss, wiederum in Anführungszeichen, den »religiösen Liberalismus« einführte. Dieser ging zur Weitung seines Einflusses in zwei Schritten vor: Zunächst war er davon abgekommen, seinem Feind, der Orthodoxie, bibelwissenschaftliche Methoden wie die historisch-kritische passiv entgegenzuhalten, vielmehr wendete er sich aktiv den Propheten zu und bestimmte deren Botschaften neu. Entscheidend war aber, dass die Überzeugungen der Orthodoxie als zugespitzte Positionen gekennzeichnet wurden, um sie so als weder der jüdischen Tradition noch der Gegenwart gemäß entlarven zu können.

Das war das radikal Neue der »Aufklärung« und ihres Zöglings, des »religiösen Liberalismus«: das Extreme nicht länger vom Typischen her zu verstehen. Die angeführten Beispiele Strauss' entsprachen wohl seinem Verständnis von einer »extremen« Denkhaltung. Dass etwa die Auffassung des Naturrechts in der Aufklärung sich aus dem »Notrecht« entwickelt habe, war zumindest eigensinnig gedacht. Doch diese Einschätzung würde dem Autor, der selbst mit den Extremen der Zeit liebäugelte, nicht Genüge tun. Denn die These verwies – natürlich ohne Nennung des Namens – direkt auf den Carl Schmitt, der in seiner *Politischen Theologie* von 1922 behauptet hatte, dass für Kant das Notrecht gar kein Recht mehr sei. Strauss kannte das Buch in- und auswendig und nutzte die Möglichkeit, einen gleichwohl nur schwer übersehbaren Sprengsatz in den Text einzuschreiben. Allerdings war Strauss nicht der Erste, der Schmitts Umdeutung aufnahm. Es war Walter Benjamin, der in seinem 1928 erschienenen Hauptwerk *Ursprung des deutschen Trauerspiels* Schmitts Kant-Exegese aufnahm und sie – darin folgte ihm Strauss – ohne Begründung, als Tatsachenbehauptung, einsetzte.

## Am Scheideweg

Was für Strauss den Kampf gegen die »Aufklärung« so schwierig machte, war deren vermeintliches Austauschen sämtlicher jüdisch-mittelalterlicher Kategorien, so, wenn der alte Gegensatz von Glauben und Wissen durch den von Religion und Wissenschaft ersetzt wurde. Solche Transformationen unterliefen das Wahrheitskriterium, ja, töteten es gleichsam, weil sie das Faktum verschleierten, dass die Orthodoxie zwar abgelöst wurde, deren Thesen aber nicht widerlegt waren. Dass auch Cohen und Rosenzweig, von Guttmanns entwicklungsgeschichtlich motivierter Idee der inneren Logik der jüdischen Religionsphilosophie zu schweigen, in diesem Zusammenhang verabschiedet wurden, lief auf eine Generalabrechnung mit dem seit dem 18. Jahrhundert Erreichten hinaus.

Sie erfolgte aber nicht aus rein polemischen Motiven, obwohl Strauss sehr vom Spott der »Aufklärung« gelernt hatte, sondern aus der Sorge vor dem Absturz ins Bodenlose. Denn obwohl alle Grundlagen des religiösen Liberalismus und der klassischen Kritik an ihm zerstört seien, lieferten die jüdischen Intellektuellen noch immer das Bild von der »Freiheit als Autonomie des Menschen und seiner Kultur« ab, und arbeiteten scheinbar unverdrossen daran, Religion ganz als kompensatorisches und therapeutisches Lebensbewältigungsangebot darzustellen. Dass das Ganze unter dem Signum der »intellektuellen Redlichkeit« geschehe, machte für Strauss den eigentlichen Skandal aus.

In Jerusalem saßen mehrere aufmerksame Leser des Textes, darunter Gershom Scholem, der bereits beim Zustandekommen von *Philosophie und Gesetz* einen erheblichen Anteil hatte. In einem Brief an Benjamin vom 29. März 1935 wertete er die Bedeutung des häretischen Charakters der »Einleitung« höher als dessen »Erkenntniskritische Vorrede« zum *Ursprung des deutschen Trauerspiels*. Scholems Wertung konnte nicht allein an den kritischen Passagen liegen. Woran aber dann? Nachdem Strauss den Weg der Aufklärung, die ausgeprägten Formen ihrer Verteidigung, die selbstverschuldeten Ursachen für ihre Krise, die Art der Selbstkritik und der Attacken von außen, die wiederum von ihrem Feind »Orthodoxie« abhängig blieben, analysiert hatte, nachdem er mit großem Aplomb die Rückkehr zu der Grundkonstellation Offenbarung/Gesetz kontra Vernunft verkündete und in Andeutungen vollzogen hatte, nachdem er die letzten Schwundstufen der Selbstverteidigung der Aufklärung in der moralischen Kategorie der intellektuellen Redlichkeit bloßgestellt hatte, benannte er das rettende Ufer nach dem größten Feind der liberal-religiösen Aufklärung und der Orthodoxie gleichermaßen, nämlich den Atheismus.

Er bezeichnete die einzige Position, die den Kontakt mit den Themen der Orthodoxie hielt ohne an sie gebunden zu sein. Zwar war auch der Atheismus durch die Reflexion von der Tradition abgeschnitten, doch einzig die in ihm liegende Haltung vermöge so viel echte »intellektuelle Redlichkeit« aufzubringen, der Gegenwart und ihrer Ausweglosigkeit ins Gesicht zu blicken.

Was Strauss sah, als er in das Gesicht der Gegenwart blickte, war eine »zweite Höhle«. Er bezeichnete sie als unnatürlich, in Abgrenzung zur natürlichen aus dem platonischen Gleichnis. Was hatte den Absturz in die zweite, wahlweise viel tiefere oder unnatürliche Höhle verursacht? Woher weiß Strauss um die Tiefe der ersten, woher um die der zweiten Höhle? Zunächst: Der zweiten Höhle konnte man nur dann entkommen, wenn man sich der Historisierungsarbeit widmete. Man musste also das falsche Geschäft der Aufklärung radikalisierend weiter betreiben, damit man am Ende dort ankam, wo Platon den Menschen vermutete – in der ersten Höhle.

Erinnern wir uns zur weiteren Klärung an das am Beginn Gesagte: Der auf die Kritik der Prinzipien der Aufklärung abzielenden Auseinandersetzung ging die Destruktion der Tradition voraus. Die zweite Höhle wäre dann eine Art Schutzraum, den sich die Aufklärung schuf, um der Konfrontation mit der Tradition zu entgehen. Wissend, dass die kritisierte Tradition nicht zu widerlegen sei, zog die Aufklärung es vor, Distanzsetzungen einzurichten, die postulierten, dass die Erreichbarkeit der angegriffenen Wahrheiten sei lediglich über deren Historisierung möglich. Erst von hier aus blickte Strauss zur »Aufklärung« hin. Doch er annoncierte lediglich das Geschäft der »Aufklärung« weiterzuführen, so wie die begonnene Destruktion des Historismus rein thetisch blieb. Das für Strauss Fatale an der Verkörperung des aufgeklärten Judentums im religiösen Liberalismus war, dass er schon lange eine sichtbare zweite Höhle installiert hatte: die Kultur. Die Bemühungen der historisierenden Aufklärung, so Strauss, drehten sich daher um eine philosophische Begründung der Kultur, die wiederum in die Tradition verpflanzt wurde, damit sie legitimiert wirkte. Die Verführung lag nahe, in dem Gesagten einen weiteren Kommentar zur Zeit zu vermuten, doch tatsächlich fanden sich die Überlegungen bereits in einem knappen

Text zu Julius Ebbinghaus' 1931 erschienener Broschüre *Über die Fortschritte der Metaphysik*, der im gleichen Jahr veröffentlicht wurde. Wollte man eine Kontinuität zwischen den beiden Äußerungen zur zweiten Höhle konstruieren, so müsste sie sich einpassen in das von Strauss gezeichnete Bild seiner Zeit seit Mitte der zwanziger Jahre. Demnach erschien ihm die Spanne von zehn Jahren rückblickend von 1935 aus als Zeit der zweiten Höhle. Der Bruch 1933 wurde ideengeschichtlich ignoriert, weil er, und das bleibt offen, entweder in seiner Tiefe von Intellektuellen nicht erkannt wurde oder aber weil er in der Logik der Zeit lag und somit unvermeidlich schien. Die Brisanz der Konstruktion lag darin, dass sie als falsch unterstellte, worin alle anderen sich einig waren: nämlich in der Einschätzung, es gebe keinen Grund etwas zu ändern. Die gesamte philosophisch-zeitdiagnostische Arbeit basierte auf einer mittleren Wahrnehmung, die sich in Opposition zur Sorgen-und-Ängste-Prosa platzierte, die die Extreme anpeilte, weil sie darin Klarheit erhoffte. Das Bild, das Strauss zeichnete, war alles andere als stimmig, nicht zuletzt deshalb, weil er seinen eigenen Standort als über den Dingen stehend auswies; tatsächlich aber, wie Heinrich Meier zeigen konnte, stand er in einem Extreme-Wettbewerb etwa mit Carl Schmitt, der längst jeden seriösen Kontakt mit dem verloren hatte, was er zu kritisieren vorgab. Schon deshalb musste die Auseinandersetzung mit Guttmanns Buch auf der grundsätzlichen Ebene erfolgen, denn der nunmehr in Jerusalem Lehrende hatte aus Strauss' Sicht eine Verteidigungsschrift der zweiten Höhle geschrieben.

## Der Kampf gegen den Begriff »Religionsphilosophie«

Nachdem Guttmann und sein neuestes Werk bereits in der »Einleitung« zwischen den Zeilen Gegenstand von Polemiken und Analysen war, widmete Strauss ihm den zweiten Text. Bereits Anfang September 1933 hatte er die Rezension beendet und danach zahlreichen Freunden und Kollegen im In- und Ausland zugänglich gemacht. Schließlich sandte er im Herbst 1934 Guttmann die Schrift, der sie freundlich aufnahm und sich für die damals geplante Separatveröffentlichung unter anderem in der Breslauer *Monatsschrift* einsetzte. Durch die Vermittlung von Martin Buber erkannte dann Spitzer, der Berliner Lektor des Schocken-Verlages, sehr schnell, dass der Text über Guttmann ohne Weiteres den Auftakt zu einer Textsammlung abgeben konnte, die sich letztlich Maimonides widmete. Dabei nahmen Spitzer, Buber und Guttmann in mehreren Briefen untereinander die geübte Kritik ausdrücklich als eine solche auf, die unbedingt veröffentlicht werden müsse.

Was also schrieb Strauss? Nach allgemeinen Bemerkungen war schon das erste Zitat beachtenswert. Guttmann ginge es in seiner Studie vor allem darum, den »methodischen Eigenwert der Religion« festzustellen. Obwohl er keine völlige Klarheit zwischen seinem Erkenntnisinteresse und der historischen Analyse herstelle, sei klar, dass für ihn das Interesse am »methodischen Eigenwert der Religion« gleichbedeutend mit dem Religionsverständnis der Moderne sei.

Insofern war es für Strauss konsequent, wenn Guttmann sich an Kant und Schleiermacher ausrichtete.

Doch die von Strauss angeführten Belegstellen führten den Leser in die Irre, denn beide waren von Guttmann unzweifelhaft referierend eingesetzt worden. Gleichwohl verwendete er immer wieder moderne, seit der Aufklärung eingeführte Termini. Strauss listete sie auf, verband sie dann mit den kulturphilosophischen Ambitionen Guttmanns während der Weimarer Republik und behauptete, dies seien Übersetzungen der Argumente Kants und Schleiermachers. Tatsächlich jedoch enthielt das Sündenregister die zentrale Begrifflichkeit der neukantianischen Strömungen, und damit wurde deutlich, in welchen Kontext er Guttmann letztlich einordnete.

So war für den Kenner klar, welcher Bedeutungshorizont mit dem von Strauss entworfenen und durchgesetzten Titel »Der Streit der Alten und der Neueren in der Philosophie des Judentums« aufgerissen wurde: Die folgenreiche Entgegensetzung der »*Querelle des Anciens et des Modernes*« wurde dabei nicht nur auf das Feld der jüdischen Philosophie übertragen, sondern zum Generationen- und Weltanschauungskonflikt erweitert. Auf der Anklagebank saßen Kants und Schleiermachers Theorien, doch als Hauptbeschuldigte die Schulen Hermann Cohens und Heinrich Rickerts und ihre Kulturphilosophie, vor allem aber Julius Guttmann, der den Transfer der Gedanken auf das Feld der jüdischen Philosophie einfädelte. In einem Brief vom Dezember 1934 definierte Strauss genau, was er unter den »Alten« verstand: Es seien diejenigen, »die ja keine Alten im sei es Platonischen, sei es jüdischen Sinne sind und sein wollen, sondern neu, fortgeschritten sind und sein wollen« und die deshalb aus den künftigen Debatten auszuschließen seien. Doch so weit mochte Strauss in seinem Essay selbst nicht gehen.

Konsequent war allerdings die Folgerung: Bei Guttmann ließe sich eine Hinneigung zur Kulturphilosophie nicht leugnen. Allerdings reichte Strauss die Feststellung nicht und er legte die Spezifik der gebotenen Kulturphilosophie offen: Die Konstruktion der *Philosophie des Judentums* als eine Geschichte der jüdischen Religionsphilosophie erfordere, da sie wesentlich auf der Kategorie des religiösen Bewußtseins aufbaue und offensichtlich keinen ursprünglichen Offenbarungsakt kenne, die Offenbarung aufzugeben. Das aber sei eine genuin moderne Auffassung. So endet dieser Gedankengang bei der Feststellung: Guttmann blicke von der Warte der Moderne auf das Mittelalter zurück.

Der Kommentator wusste, dass er beim sich wiederholenden Konstatieren dieser Perspektive nicht stehen bleiben konnte, und führte deshalb gegen Ende des ersten Abschnittes zur Kennzeichnung des behandelten Falles einen Begriff ein, der ihm zeitlebens erkenntniserschließende Kraft zu haben schien: Guttmanns Haltung sei »paradox«. Wie kam Strauss zu der Behauptung?

Die Geschichte, die Guttmann aus Strauss' Sicht erzählte war eine zweigleisige: Zum einen zeichnete sich bei Guttmann das Judentum durch das unverbrüchliche Festhalten an der Offenbarung und dem Gesetz aus. Dieses im religiösen Bewusstsein gespeicherte und durch die Schriften bewahrte Eigentliche des Judentums war in seinem Kern wandelbar, ohne dass dieser selbst sich änderte. Die Formen, in denen die Axiome auftraten, waren andere geworden, nicht aber der Inhalt oder die Substanz des sich Verändernden. Die Folge war, dass die behauptete Kontinuität dieses Prozesses nicht ohne Gegengeschichte funktionierte. Sie hatte ihren Anfang im jüdisch-mittelalterlichen Denken. In dieser Zeit ereignete sich ein folgenschweres Experiment, dessen Versuchsanordnung einen Haarriss im Fundament des Judentums verursachte: Offenbarung und Gesetz standen von nun an gegen die Vernunft. Den Autoren des Mittelalters sei die Gefährlichkeit der Opposition klar gewesen, deshalb hätten sie komplexe Austauschverhältnisse und andere Bewältigungsfiguren erdacht, um die erahnte Sollbruchstelle zu schließen. Die Moderne aber in ihren Winkelzügen setzte genau an dem Ort der möglichen Entzweiung an, und verlor in der Folge immer mehr überzeugende Argumente, den unveränderten Fortbestand der Tradition einzuklagen. Sie präsentierte daher einen Kaiser ohne Kleider und behauptete weiterhin, ihn mit dem schönsten Gewand ausgestattet zu haben.

Diese doppelte Bewegung machte Strauss bei Guttmann aus und nannte sie paradox. Was genau widersinnig an ihr war, wurde erneut auf einen Grundwiderspruch zurückgeführt: auf den zwischen Leben und Denken. Dass sich in diesen beiden Möglichkeiten nur der moderne Mensch wiederfinden konnte, muss nicht hinzugesetzt werden. War dieser doch seit dreihundert Jahren mit nichts anderem beschäftigt, als ehemals festgefügte Prinzipien nach ihrer inneren Aushöhlung als noch immer in Geltung befindlich zu erklären, um auf diese Weise dem Blick in den Abgrund der eigenen Traditionslosigkeit nicht tun zu müssen. Guttmann lieferte dieser Sicht der Dinge die historische Fundierung. Doch Strauss zitierte ihn vor den Richter: »So fragen wir denn: meint Guttmann wirklich, daß die moderne Philosophie mehr als die mittelalterliche dem Judentum die Möglichkeit gibt, den Gehalt seiner Tradition, wenngleich unter des Preisgabe des Offenbarungsglaubens, verstehend zu bewahren?«

Die Frage hatte nicht nur rhetorischen Charakter, sondern war eine Anklage, denn das Bejahen der Frage hätte zur Leugnung führen müssen, weiterhin auf dem Boden des Judentums zu stehen. Noch immer war Strauss dabei, Leser aus der zweiten Höhle in die erste hinaufzuführen, indem er immer tiefer in die verschleierten Kellergewölbe von Guttmanns Denken stieg. Dort standen die an Kant, Schleiermacher und den Neukantianismen geschärften Instrumente, mit deren Hilfe die vorliegende *Philosophie des Judentums* geschrieben wurde: als letzter und darin überzeugender Abgesang auf die Moderne.

Doch Strauss war bereits 1935 der Strauss späterer Jahre, und nachdem er sich besonnen hatte, milderte er den Vorwurf gegen Guttmann ab. In der Apologie des Vergangenen ließen sich deutliche Vorbehalte gegen die Modernen finden, so dass in seinem Falle nur eine gewisse Überlegenheit der modernen gegenüber der mittelalterlichen jüdischen Religionsphilosophie behauptet würde. Wurde der Leser hier Zeuge eines »cat-and-mouse«-Spiels, wie Eve Adler in einem Vorwort zur amerikanischen Neuübersetzung von *Philosophie und Gesetz* schrieb?

Zur Klärung der Frage konnte dem zeitgenössischen Leser kein mehrfacher Blick auf die alles Erdenkliche andeutenden Anführungszeichen, in die Strauss Begriffe gesetzt hatte, helfen, und auch der Hinweis, dass Guttmann zweihundertfünfundvierzig der dreihundertsechzig Seiten dem Mittelalter gewidmet habe, war kaum erkenntniserschließend. Eine nachträgliche Anordnung der Argumente und Volten, würde, wir bemerkten es bereits, der Kritik ihre spezifische Idee nehmen. Und doch, je mehr man sich auf den Text einlässt, umso unklarer wird, was Strauss über Guttmanns Buch denkt.

## Eine »gewisse Überlegenheit«

Es erstaunte schließlich nicht, dass Strauss am Ende zahlreicher Verwirrspiele mit den Texten Guttmanns *nur* einen Verdacht äußern konnte. Doch das einschränkende »nur« hielt ganze acht Zeilen lang, und schon war er da, der von einem »Wir« gehegte und nur »schwer zu beschwichtigende Verdacht«, dass nämlich bei Guttmann die mittelalterliche *und* die moderne jüdische Religionsphilosophie den »Verrat des biblischen Erbes um einer fremden Frömmigkeit willen« begangen habe. Wobei der »Verrat« der Neuen ob seiner verheerenden Folgen viel schwerer wiege, denn er zerstöre Substanz. Das Grundübel bei all dem hatte Guttmann gezielt mit der Kategorie »Religionsphilosophie« heraufbeschworen. Riss der aufgeklärte, liberal-gemäßigte Kulturphilosoph alles in den Abgrund mit seinem pietistischen (das Innere, die Frömmigkeit betonenden) Verständnis des Jüdischen?

Strauss drehte dann scheinbar noch mehrere Pirouetten, die sich bei genauerem Hinsehen immer mehr als Variationen heftiger werdender Sprünge auf der gleichen Stelle entpuppten. Einer dieser Sprünge war besonders bemerkenswert, denn er betraf den Begriff »Religionsphilosophie«. Nachdem er doch schon viele Male Anlass von schärfster Kritik und ihrer erneuten Einholung war, kommt es Strauss jetzt erst in den Sinn, nach einer Definition dieses Steins des Anstoßes zu suchen. Er fand sie in der Feststellung, dass die Hervorbringung der »Religionsphilosophie« die »originale Leistung des Mittelalters« sei. Statt nun endlich offen über den Sinn der Wendung »originale Leistung« nachzudenken und zumindest für einen Moment den Gegner stark zu machen, indem über die simple Verdächtigung hinaus, hier müsse es sich eine bewusstseinsphilosophische Kategorie des historizistischen 19. Jahrhunderts handeln, erwogen wird, ob dies ein Methodenbegriff sein könnte, erfuhr man lediglich, dass dessen Voraussetzungen ja nicht einmal geklärt seien.

An dieser Stelle hatte Strauss Guttmann rhetorisch mit dem Rücken an die Wand gestellt. Was aber geschah? Statt den entscheidenden Schlag zu setzen, brachte Strauss den aufgebauten Spannungsbogen durch einen Widerspruch zum Einstürzen.

Denn Strauss verwechselt auf einmal die Positionen: Hatte er bislang ohne Angabe von Gründen behauptet, Guttmann gehe von einer »gewissen Überlegenheit« der modernen über die mittelalterliche Philosophie aus, so erfährt der verdutzte Leser nun, dass es sich genau anders herum verhalte. Dass es sich um ein kapitales Versehen handelt, ergibt sich aus dem nachfolgenden Hinweis, wonach es Guttmann freistehe, »bei seinem Studium des Mittelalters von modernen Einteilungen der Philosophie auszugehen.«

Wieso hatte Guttmann plötzlich eine »gewisse Überlegenheit der mittelalterlichen über die moderne Philosophie« im Sinne? War es nicht immer wieder an mindestens vier Stellen in dem schmalen Text klar gewesen, dass es sich genau umgekehrt verhielt? War das ein später Hinweis auf die angebliche, bereits zitierte »paradoxe« Struktur von Guttmanns Buch, die es erlaubte, es mal so, ein andermal aber ganz gegenteilig auszulegen? Oder implizierte die Bemerkung, dass, wenn eine Seite eine »gewisse Überlegenheit« erzielt habe, auch die andere Seite eine davon verschiedene »gewisse Überlegenheit« für sich in Anspruch nehmen könnte? Was hieß hier »eine gewisse«, was »Überlegenheit«? Keine einzige dieser Fragen wurde von Strauss auch nur in Erwägung gezogen. Der ganz polaren Modellen Verpflichtete entledigte sich der Genauigkeit der Kritik in dem Maße, wie er für sich eine exakte Auseinandersetzung mit Guttmann behauptete. Schlicht grotesk ist das Ausbreiten des dem Zitat folgenden Handbuchwissens, wonach die mittelalterliche Wissensordnung eine andere Einteilung als die der Moderne hatte. Ob Guttmann das nicht wusste?

## Das Unheimliche

Doch Strauss wurde das Problem mit der »Religionsphilosophie« selbst unheimlich. Denn er beendete seine verdachts- und destruktionsgesteuerte Lektüre von Guttmanns Mittelalter-Auseinandersetzung mit einem Schlag und verwies darauf, sie drohe »uferlos« zu werden. Was aber hieß das? Hatte das Ineinanderblenden der beiden Texte Guttmanns nicht zum gewünschten Erfolg geführt? Konnte der Nachweis, dass Guttmann mit seiner Konstruktion das Primat des Gesetzes missachtet hatte, letztlich nicht erbracht werden? Doch statt hier genauere Auskünfte zu geben, entschloss sich Strauss zu einem anderen Vorgehen, das bis dahin für sein Werk durchaus charakteristisch war. Er eignete sich den Begriff »Religionsphilosophie« selbst an, allerdings in einem wesentlich radikaleren Sinne als Guttmann.

»Religionsphilosophie« wurde jetzt umdefiniert; in Abgrenzung zur antiken und modernen Philosophie verstehe sie sich als an die Offenbarung gebunden. Aus dieser Tatsache habe sie den Schluss gezogen, dass es ihre wichtigste Aufgabe sei, die »Grundlegung der Philosophie in einer *gesetzlichen Begründung der Philosophie*« zu suchen.

Bei der Übernahme von Guttmanns Idee handelte es sich um einen Teil von Strauss' Destruktionsbemühungen. Religionsphilosophie war jetzt ein durch das Gesetz verpflichtetes und aufgerufenes Medium, das nur durch die Halachah selbst kreiert werden konnte. Die Umkehrung des Ursprungsverhältnisses – von der Philosophie hin zum Gesetz – verfehlte aber Guttmanns Punkt. Der ging von einem korrelativen Verhältnis der beiden historischen Phänomene aus, was Strauss selbst ja herausgestellt hatte. Was also war die Motivation für diese Erzählung? Die Aufhebung der Korrelation erwirkte eine Zentralperspektive, die auf die Entgegensetzung des binären Codes »Philosophie« und »Gesetz« führte. Alternativlos gefangen zwischen den beiden Möglichkeiten, bewegte sich für Strauss die Welt der mittelalterlichen Denker zwischen Vernunft und Offenbarung. Im letzten Kapitel schließlich traten an die Stelle von *Philosophie und Gesetz* der Philosoph und der Prophet, später folgten Athen und Jerusalem. Das Fasziniertsein von der Entscheidung, das Zurückführen auf letzte, im Jargon der 1880er Jahre formuliert: unhintergehbare Unterscheidungen, bei gleichzeitiger höchster Subtilität in der Handhabung der Variationen dieser Antagonismen – das war es, was Strauss lebenslang, vor allem aber bis zu seiner Übersiedlung in die Vereinigten Staaten 1938, im Blick hatte. Wenn Martin Buber einmal sagte, Strauss »glaube wirklich an den Hobbes«, dann traf dies, ersetzte man »Hobbes« durch »Philosophie«, genau den geschilderten Zwiespalt, den zu bedenken und auszutragen er sich vorgenommen hatte. Die selbst gestellte Lebensaufgabe erforderte in der vorgelegten dramatisierten Form das apodiktische Urteil. So schrieb Strauss im Jahre 1935: »Die Anerkennung der Autorität der Offenbarung ist *Voraussetzung* des Philosophierens als solchen.«

Er achtete stets darauf, dass sein ergebnisorientierter Stil nicht in den Ruch der historisch unbelehrten Einseitigkeit geriet. So sehr er das eben Zitierte als unumstößlich setzte, so sehr wusste er, dass die These nur Kraft entfalten konnte, wenn er sie ergänzte durch den Hinweis, dass die Offenbarung »*für* die Philosophie nur *ein* Thema unter anderen« gewesen sei. Doch spätestens an dieser Stelle war zu fragen, wer denn je das Gegenteil dieser Feststellungen behauptet hatte? Etwa Guttmann? Wer war der Angesprochene? Die Rückfragen zielten ins Leere, denn Strauss wäre nicht Strauss, wenn er das Spiel mit den beiden Relata nicht auf die präzis gewählte Spitze getrieben hätte. Doch weniger als das Spiel selbst interessierte ihn am Ende des Gedankengangs die Doppelspitze, auf die er das Beziehungsgeflecht von Philosophie und Gesetz – die zuvor ins Extrem verschärfte Rede von »Religionsphilosophie« war stillschweigend verabschiedet worden – im Mittelalter schließlich hinführte.

Bewusst tautologisch formuliert Strauss, dass die »die philosophische Begründung des Gesetzes« jener »Ort im Lehrgebäude der mittelalterlichen Philosophie« sei, »in dem die Voraussetzung des (mittelalterlichen) Philosophierens zum Thema der Philosophie wird.« Insofern sei die explizit philosophische Begründung des Gesetzes nichts anderes als die »philosophische Grundlegung der mittelalterlichen Philosophie«.
Doch sei gerade die philosophische Grundlegung im Mittelalter nur ein sekundäres Thema geblieben, und genau dieses Phänomen müsse in das Zentrum der Interpretation mittelalterlicher Philosophie gerückt werden.
Strauss sah also Gesetz und Philosophie in einer doppelten Bindung, wobei die Philosophie, wollte sie dem Gesetz treu bleiben, eine Krise ihrer Grundlagen in Kauf nahm, denn sie suchte etwas zu verstehen, das sich ihr nicht nur als fremd, sondern sich als unverrückbar und überlegen präsentierte. Aus diesem Grunde installierte Strauss eine Vorgängigkeit in das Argument: Um die eher unbedeutende Rolle der »philosophischen Grundlegung der mittelalterlichen Philosophie« in den Blick zu bekommen, müsse das Gesetzesverständnis – also die Voraussetzung für die Haltbarkeit der These – gesondert betrachtet werden. Guttmanns »Religionsphilosophie« wurde also einer erneuten Überprüfung unterzogen, dieses Mal jedoch von einem genuin anderen Verständnis aus.
Nachdem die mittelalterliche jüdische Philosophie unter dem Signum »Religionsphilosophie« inhaltlich aufgelöst wurde, indem sie als Verfehlungsleistung gegenüber den besonderen Begründungsverhältnissen von Philosophie und Gesetz erwiesen wurde, erinnerte sich Strauss an den von ihm gemachten Vorwurf der

Verinnerlichung, die Guttmanns korrelativ gedachtem Rationalismus zugrunde liege.

Die scheinbar von diesem verlustfrei gedachte Vereinigung von Philosophie und Gesetz entleerte am Ende den Kern der Offenbarung, indem deren Außerordentlichkeit als eines jenseits von Zeit und Raum situierten Ereignisses, das einzig dem jüdischen Volk zugeeignet war, mit ihrem natürlichen Widerpart in ein Ausgleichverhältnis gesetzt wurde. Guttmann glaube lediglich noch an die Offenbarung, so der Vorwurf. Verschärfend fügte Strauss hinzu, dass doch der bloße Glaube aus dem Eingeständnis hervorgehe, dass es der aufklärerischen Wissenschaft nie gelungen sei, die an die Begriffe »Schöpfung« oder »Wunder« gebundenen (jüdischen) Überzeugungen zu widerlegen. Das Glauben wäre demnach das Eingeständnis, dass der Sieg des Rationalismus über die Offenbarungswahrheiten vollkommen sei. Im Gegenteil: Noch in der von Strauss behaupteten mittelalterlichen Abhängigkeit der Philosophie vom Gesetz spiegelte sich die Niederlage der Vernunft, die ihre Grenzen zunächst akzeptiert, später nur noch kompensiert habe.

Für den bekennenden Atheisten, der das historische Faktum des Sieges der Aufklärung noch im Jahre 1935 als Bürde zu tragen bereit war, entpuppte sich Guttmanns Motiv einer inneren Logik der Entwicklung der jüdischen Religionsphilosophie immer mehr als Ruhigstellung eines ungelösten Konfliktes. Die Mächtigkeit des Gedankens, von Guttmann bereits 1922 wirkungsvoll und die Brüche überdauernd formuliert, war für Strauss ein Kokon, dessen zeitweise schützende Funktion nunmehr reiner Wunsch sei. Der Anprall der Alternative von Philosophie und Gesetz, dies war für ihn unverrückbar, musste zugelassen werden, um sich über den zeitdiagnostischen Gehalt der Relata in die Wirklichkeit zurückholen zu lassen. Guttmanns Versuch hingegen erschien vor diesem Hintergrund traumtänzerisch und schiere Behauptung.

Denn der formulierte 1922 klar und deutlich, dass es zwar einer Verpflanzung ursprünglich mittelalterlichen Verständnisses widerspreche, wenn man »Zweck und Ziel der Offenbarung unter den Gesichtspunkt des Religionsbegriffs« stelle, desgleichen wenn man den »Zweck der Offenbarung mit dem der Vernunft« identifiziere, – doch komme es darauf an, dass diese methodische Umbesetzung nicht den eigentlichen Gehalt der operativen Begriffe verdeutliche. Es ging eben darum, dies immer bewusst zu halten.

Dagegen anzuschreiben hieß für den philosophisch-aktuell argumentierenden Strauss, der davon ausging, dass jede historische Untersuchung der Philosophie unweigerlich eine philosophische sei, jene Versuche, so bei Saadia, als pädagogisch abzuwerten, die einen pragmatischen Umgang mit Philosophie und Gesetz erkennen ließen. Nicht zuletzt war dies vonnöten, um dem elitären Konzept im *More* des Maimonides die gebührende Achtung zu zollen. Denn in ihm, dem vermeintlichen Musterfall für Guttmanns Konstruktion einer gegenseitigen und zum Ausgleich kommenden Durchdringung von Vernunft und Offenbarung, lag ein ganz anderes Geheimnis, das der reine Historiker nicht erblicken konnte, weil er die falschen Fragen stellte. Dass Strauss, im Unterschied zu Guttmann, glaubte die richtigen Fragen zu haben, ließ er diesen in einem Brief vom 22. Mai 1929 wissen, der rückblickend methodisch bedeutsam scheint. Die zentrale Stelle lautet:

»Ich leugne nicht, dass reine Referate und referierende Analysen über die Lehren früherer Philosophen ihren Sinn haben; aber solche Referate scheinen mir nur dann nötig zu sein, wenn die betr. Lehren relativ unbekannt und relativ undurchsichtig sind. Grundsätzlich ist es aber doch wohl so, dass jede historische Untersuchung mit einer bestimmten Frage an den zu untersuchenden Gegenstand herantritt, dass ihr wissenschaftlicher Wert wesentlich davon abhängt, dass die Frage als solche klar gestellt ist.«

Die Frage an den *More* war die nach seinem politischen Gehalt, der sein Pendant in Platons *Staat* habe. Deshalb, nämlich in *politischer Absicht*, wird das letzte Argument gegen Guttmann damit eingeleitet, dass er den »staatsgründenden Sinn der Offenbarung« zu einem »Nebenzweck« mache.

## Politik als Erste Philosophie

Die Engführung lieferte Strauss in raschen, fast kurzatmig anmutenden Sätzen. Das Gesetz verkörperte und implantierte stets eine Ordnung. Letztere war immer eine genuin politische Kategorie, wie seit Platon ersichtlich. So kommandierte dieser quasi aus dem Hintergrund die mittelalterliche Szenerie. Die Antworten auf diese Konstellation wurden von Strauss nach genauerer Vermessung als noch immer auf platonischem Terrain verbleibend bewertet, wobei die mittelalterlichen Transformationen dieses Zusammenhangs zwischen Gesetz und Politik niemals die Fragwürdigkeit und Tiefe von Platons Gedankenspielen erreicht hätten.

Aus dem Ungleichgewicht zwischen der Quelle politischer Philosophie und ihren offenbarungsgeleiteten Ausdeutern zog er die Konsequenz, die »islamischen Aristoteliker und ihre jüdischen Schüler« vollständig neu zu lesen. Das nie ausgeführte Programm ließe sich so zusammenfassen: 1) Man müsse zur Bestimmung von Platons politischer Philosophie mit den *Nomoi* anfangen, nicht mit der *Politeia*, denn in den *Gesetzen* gehe es um die »göttlichen Gesetze«; 2) die *Nomoi* wiesen nur auf die Offenbarung hin, dies müsse immer wieder berücksichtigt werden; eine zeitliche Vorwegnahme der beiden Relata dürfe nicht angenommen oder eine Identität gar behauptet werden; 3) sodann müsste eine Geschichte der Modifikation der Platonischen Politik im hellenistischen Zeitalter rekonstruiert werden, damit die Überführung vom Philosophen-König in den Begriff des Propheten deutlich werde; 4) zuerst müssten dabei die islamischen Autoren analysiert werden, bevor man zu Maimonides übergehen könne; 5) die »Crux der Interpretation« liege dann in der Auseinandersetzung mit der »Prophetologie des R. Lewi ben Gerschom«, da einzig auf ihn die Charakterisierung des »offenbarungsgläubigen Rationalismus« zutreffe.

Die Einführung dieses Projektes kommt ebenso überraschend wie seine lose geknüpfte Idee, Platon und nicht Aristoteles sei der Schlüssel zu einer adäquaten Deutung der Offenbarung und vor allem des Gesetzes. Es scheint, als vermeine Strauss, dass er vom Vorwurf des Hineintragens fremden Gedankengutes in das Mittelalter dadurch befreit sei, dass er nicht in die Moderne fortschreite, sondern in die Antike zurückgehe. Und, so wäre zu schlussfolgern, es dürfe eine gewisse Überlegenheit der Antike – das heißt Platons und bei diesem die *Nomoi* – gegenüber dem Mittelalter behauptet werden, weil dieses ja etwas vorfinde und es so modifizieren könne, während der Bezug auf die Moderne zeitlich Vergangenes lediglich diktiere.

In seinem letzten Kapitel »Die philosophische Begründung des Gesetzes« suchte Strauss die These von der ausschließlich politischen Verstehbarkeit des Gesetzes zu beweisen, indem er unter anderem die platonische Staatsdeutung in der Prophetologie von Ibn Sîna und Maimonides erkannte. Bei dem arabischen Philosophen gibt es unzweifelhafte Bezüge zur Staatsauffassung Platons, vor allem in dessen großer Metaphysik, wie Strauss schrieb. Der dort zu findenden Idee, dass der Gesetzgeber einer Stadt zuallererst Leiter, Handwerker und Wächter ernennen musste, war für ihn eindeutig auf Platon zurückzuführen. Ibn Sîna diente Alfarâbi als Zwischenträger. Ausgehend von der Prämisse, dass der »Philosoph« Platons und der »Prophet« der arabischen Autoren und Maimonides' strukturgleich gedacht wurden, war es konsequent, wenn Strauss schrieb: »Das heißt: der Herrscher des idealen Staates – und Herrscher des idealen Staates kann nur ein *Prophet* sein – muß von Natur die Eigenschaften haben, die nach Platons Forderung die *Philosophen-Könige* von Natur haben müssen.« Darüber hinaus ließen sich Übereinstimmungen im Bezug auf das »Philosoph-Sein des Propheten« finden. Platons Höhle und der in das Licht aufsteigende Philosoph, hätten ihr bewusst gewähltes Pendant in Falqçras und Maimonides' Gleichnissen, wobei bei Letzterem die Konstruktion einer vollkommenen Nacht und die sie dann plötzlich durchzuckenden Blitze Höhlengleichnischarakter hätten. Guttmann spielte bei all diesen Überlegungen keine Rolle mehr.

## Der Einbruch der Zeit

Warum interessiert nach all dem Referierten die buchlange Auseinandersetzung von Strauss mit Guttmanns Handbuch? Man könnte sich bereits damit zufrieden geben, dass jemand auf ein sehr schnell als kanonisch geltendes Buch mit dem Versuch antwortete, eine völlig andere Lesart anzubieten und dafür Nachweise zu liefern. Dem wäre ein philosophiegeschichtlicher Grund an die Seite zu stellen, nämlich jener, der Auskunft gibt über die alte Frage nach den hermeneutischen Mitteln, die man zur Erschließung achthundert Jahre alter Texte anwenden sollte. Schließlich bot es sich an, auf die innerjüdische Diskussion zu verweisen, die auf allen Ebenen Antworten sucht auf die Fragen der Zeit, wobei der besondere Reiz der ist, dass die Bücher diesseits wie jenseits des Epochenjahres 1933 standen.

Doch wir müssen tiefer ansetzen, und uns dabei an die Mahnung erinnern, dass man Acht geben muss beim In-die-Tiefe-Bohren, um nicht auf der anderen Seite herauszuschauen ohne dazwischen etwas gefunden zu haben. Wie bei den Debatten um die jüdische Theologie handelt es in den analysierten Texten um solche, die sehr unterschiedliche Interessen und Botschaften mit transportieren. Bei Guttmanns *Die Philosophie des Judentums* war schon durch die Widmung »Dem Andenken meines Vaters« ein erster Wink gegeben, in welchen Breiten sich das Werk bewegt. Es diente einer Kontinuitätsthese, die sich als Stabilisierungsfaktor des Bestehenden verstand. Altertum, Mittelalter und Moderne waren auch im Judentum unterscheidbare Epochen, die aber durch die andauernde und organisierende Zentralstellung von Offenbarung und Gesetz eine

Einheit bilden. Offenbarung und Gesetz waren für Guttmann gegeben und damit aufgegeben. Es gab daran keinerlei Zweifel, und es zeigt sich im Verfolg dieser Geschichte, dass für ihn Kontinuität ausdrücklich Wandel einschloss. Dieser Wandel war nicht durch die Polarität Treue – Untreue zum Überlieferten in den Blick zu bekommen, sondern nur in der konkreten Beschäftigung mit den einzelnen Modellen, die entwickelt werden mussten, um das Judentum nach der zweiten Zerstörung des Tempels nach innen festigen zu können. Dass *Tradition* und *Krise* sich im Laufe der Jahrhunderte immer die Hand gaben, war dabei zugestanden. Im Mittelalter, in dem das Zentrum – Europa – und die Peripherie – der Maghreb – ihre Vielfältigkeiten entdecken, entwickeln sich in komplexen Austausch- und Abgrenzungsbewegungen Spielarten im Umgang mit der überlieferten Religion und ihren Texten, die den unbedingten Ernst der Tradition bewahrten, indem sie gerade die Begegnung mit anderen Überlieferungen als Gefahr *und* als Möglichkeit zu erneuter Versicherung des Aufgegebenen begriffen. Maimonides hatte in dieser Konstellation in seinem Werk die weit reichendste Antwort auf die Fragen seiner Zeit verfasst, deshalb ist die paradigmatische Behandlung in Guttmann nicht nur gerechtfertigt, sondern erzwungen gewesen. Der dazu in Anschlag gebrachte Terminus »Religionsphilosophie« zeigte am deutlichsten an, dass das mehrfach konfligierende Zusammen von Wiedergabe des Gedachten, Einordnung in den Kontext, Folgen des Denkens und der Interpretationen nur dann expliziert werden konnte, wenn die Analysekategorie die Spannungen zwischen den Relata aufrecht erhielt. Die bloß funktionale Einheit des im Mittelalter Gedachten wurde zu einem Ganzen, wenn man das dort Geschaffene als je eigenständig begriff. Die Eigenständigkeit ließ sich, dass gerade war ja Guttmanns Pointe, weder vom Vorgehenden noch vom Nachfolgenden lösen.

Exakt hier war die Einbruchstelle für die eine zeitkritische Lesart der *Philosophie des Judentums*. Die Behauptung der Kontinuitätsandauer der religionsphilosophischen funktionalen Einheit »jüdisches Mittelalter« in der Gegenwart musste in modernen Begriffen erfolgen – Schlagwort »Rationalismus« –, wollte man der Falle des Historismus entgehen. Diese schnappte in dem Moment zu, wenn man entweder in der Geste des unmittelbaren Anknüpfenkönnens oder in der identifikatorischen Wiederaneignung dem religiösen Denken des Mittelalters begegnete. Beiden Möglichkeiten stand Guttmann im Jahre 1933 entgegen.

Man mag gegenüber zeitgebundenen Widmungen eine Reserve haben, weil sie für Dritte schwer einzuordnen sind, und doch haben sie einen eigenen wahrzunehmenden zeitdiagnostischen Wert. »Zur Erinnerung und für den Neuanfang, München August 1933«, schrieb eine unbekannte Hand in ein heute in der Jerusalemer Nationalbibliothek befindliches Exemplar.

Gegen all das stand Strauss' *Philosophie und Gesetz*. Es arbeitete mit drei Strategien, die miteinander unterschiedlich verknüpft wurden. Die »Einleitung« war in erster Linie eine Bestimmung des eigenen Standortes, der chronologisch späteste Text. Während bis 1933 jede Form des Judeseins gleichermaßen legitim und möglich war – Agnostizismus, Atheismus, Liberalismus, Konservatismus, Gesetzestreusein, Orthodoxie mitsamt ihren Ausdifferenzierungen –, hörte dies für Strauss mit der Epochenwende auf. Gleichzeitig hatte alles, was bisher geschehen war, das Eigentliche des Judentums nicht berührt. Die antisemitischen Gesetze und Verordnungen betrafen die Rechtsstellung, die soziale und politische Wirklichkeit und natürlich die Schicksale von Individuen, die zu einem Kollektivsingular reduziert wurden.

Doch was hieß das für den aus dem Judentum aus anderen Gründen Vertriebenen, woran konnte er sich festhalten, wenn er wusste, dass weder der regelmäßige Synagogenbesuch noch andere nachholende Bemühungen die Kluft zu der gelebten Tradition nicht zu schließen vermochten? Er musste, so Strauss' Antwort, da alle Zwischenstufen bloß Reaktionen auf die Freiheit darstellten, die der jeweilige staatliche Rahmen anbot oder setzte, das andere Extrem sich zu eigen machen: den Atheismus. Jener war dann ein selbstbewusst ergriffener, der sich vom herkömmlichen Verständnis des Begriffes schon dadurch abgrenzte, dass er den bewusst in Kauf genommen unendlichen Mangel an Sein – die Gegenwart Gottes – auf eigene Weise in den Blick nahm. Statt Gott waren dem Philosophen in der Überlieferung Offenbarung und Gesetz die geschichtlich umkreisten Größen geworden.

Der Atheist aber konnte keinen Halt in der Welt finden, wenn er sich nicht einer historischen Legitimation seiner gezielten Zwischenstellung im Atheismus selbst vergewisserte. Er musste dazu das jüdisch-arabische Mittelalter neu vermessen. Wenn dieser Atheist dort Offenbarung und Gesetz ausmachte, dann konnte er nicht bei dem stehen bleiben, was Guttmann am Mittelalter interessierte. War er doch auf der Suche nach

Quellen für die Bewältigung des Jetzt, das heißt nach einer antihermeneutischen Weise die Texte zu erfassen. Sie durften nicht am Wissen der Gegenwart gespiegelt werden, sie wurden auch keiner rezeptionsgeschichtlichen Sondierung unterworfen. Sie waren für den Atheisten Strauss'scher Prägung Ausschnitte aus dem Antwortregister, das Offenbarung und Gesetz im Laufe der Zeit erstellt hatten. Sie waren außerdem in sich selbstständig und damit verstehbar, benötigten statt eines Übersetzers in das Heute einen Leser, der die Vergangenheit nicht besser verstehen wollte als diese sich selbst. Der Atheist Strauss entdeckte dann, was die Autoren selbst entdeckten – er kreierte einen Originalsinn. Genau dieser richtete sich an den Verstehenden, so wie er sich zu seiner Zeit an die wenigen Verstehenden gewandt hatte. Dass jene mittelalterlichen Texte Wissen auf besondere Weise, wörtlich genommen, einschlossen, weil sie es nicht hätten beherbergen dürfen, konnte nur der Verstehende sehen und dann auch äußern. Hier war die Keimzelle für die später verfeinerte Unterscheidung von »esoterisch« und »exoterisch«.

An dieser Stelle setzte nun die zweite, auf ihrer Vorgängerin aufbauende Strategie ein, die sich in der Auseinandersetzung mit Guttmann entfaltete. Auch hier versuchte Strauss, den Autor zu verstehen wie er sich verstand, allerdings nur für einen kurzen, verwirrenden Moment. Dass dieser Augenblick Chaos hinterließ, zeigte sich am deutlichsten in der Bewegung, die dem Essay selbst eigen ist. Es war jener Moment, an dem Strauss feststellte, dass Guttmann lediglich eine Synthese von anderen Synthesen anbot, statt deren permanentes Auseinanderfallen zu thematisieren. Offenbarung und Gesetz markierten selbst einen radikalen

Unterschied zu allem anderen, der nicht überwunden werden konnte und vor allem: traditionellerweise nicht überwunden werden durfte. Das galt nicht minder für die Philosophie. In ihrem jeweiligen Wahrheitsbegriff kulminierten die beiden Systeme in unendlicher Entfernung voneinander, ohne sich auch nur zu berühren.

Das Kriterium der Autorität der reinen Form von Offenbarung und Gesetz wurde von Strauss gegen Guttmanns innere Logik der Entwicklungsgeschichte gestellt. Letzterer konnte und wollte dem nicht genügen, und das Nichtgenügen drückte Ersterer aus, indem er bei dem Kritisierten Wertungen und daraus folgende Hierarchien mehr oder weniger gelungener Synthesen konstatierte. Offensichtlich hatte für Strauss der Autor der *Philosophie des Judentums* den Maßstab verloren: denjenigen für Philosophie und Gesetz, weil er von Beginn an deren scheinbar historisch belegbare Kompatibilität als sinnstiftendes Narrativ nutzten wollte. Doch dieses Vorgehen schwächte nach Strauss beide Seiten, weil es weder offen aussprach, dass das Judentum des Mittelalters eines mit antiphilosophischer Offenbarungs- und Gesetzestreue war, und dass die Philosophie, der man gegenübertrat, die originär griechische in der Gestalt Platons und Aristoteles' war. In diesen beiden entgegengesetzten Ecken verharrte das jüdisch-mittelalterliche Denken und ersann Figuren der Übernahme, die gleichzeitig solche der Verdeckung waren. Die Herausbildung von Esoterik und Exoterik war daraus vorgegeben, ebenso jene der Idee der Elite, die mit dem Feuer der politischen Philosophie zu spielen als Notwendigkeit betrachtete.

So wurde bei Strauss der Prophet auf schwer überprüfbare Art und Weise zum Philosophen und operierte im neu idealisierten Sinne als Philosoph. Guttmann musste in seiner Collage nichts aufdecken, weil es für ihn die Originale »Gesetz« und »Philosophie« gab, die miteinander – man könnte häretisch formulieren: weil beide vom Menschen erdacht – ins Gespräch zu bringen waren, mal mit mehr, mal mit weniger gutem Gelingen.

Der Atheist, der in Platon und Maimonides seine Meister entdeckt hatte und gerade deshalb keine verbindende Heerstraße zwischen den beiden konstruieren wollte (es gab sie nicht), glaubte 1935 zumindest an das Zustandekommen eines elitären Projektes, das nur deshalb gelingen konnte, weil beide Quellen mit einem nur je ihnen eignenden, exklusiven Urzustand verbunden geblieben waren.

Nun wurde auch die dritte Strategie sichtbar. Sie öffnete die Hermetik des Ansatzes hin zur Gegenwart der Jahre seit 1933. Sie war weit weniger explizit gemacht als die beiden nunmehr als Ober- und Mittelsatz eines umfassenden Syllogismus erkennbaren Strategien eins und zwei. Die *conclusio* war jedoch, und das hatte Scholem in seinem Brief an Benjamin nicht gesehen oder verschwiegen, dass sich Strauss eine eigene Orthodoxie erfand. Die war nicht als theologische Kategorie zu verstehen, sondern der Name einer Position, die den Zumutungen der Zeit eine doppelte Antwort zu geben beabsichtigte: Orthodox war dann auf der Seite der Philosophie die Wiederbesetzung der Platonischen Politischen Philosophie als höchste Form des weitreichendsten Vernunft- und Weltbegriffs und auf der Seite des jüdischen Denkens das radikale Ernstnehmen von Offenbarung und Gesetz, weil nur dies Judentum bedeuten konnte. Beides zusammen genommen und somit getrennt bleibend – das auszuformulieren war das

Ziel, von dem Strauss forderte es müsse angestrebt werden, weil sich sonst die Stürme der Gegenwart nicht aushalten ließen. Die Zeitdiagnostik Strauss' lief auf nichts anderes hinaus als auf die Aufdeckung von Syntheselügen, die Zeitläufte auslöschen konnten. Guttmann blieb von all dem ausgeschlossen; sein Buch gehörte einer Epoche an, die sich falsch verstand, und im Jahr 1935 waren die Einbrüche noch nicht klar genug, um auch dessen Aussagen in den Orkus zu ziehen.

## Taub für den Atheismus?

Ein kurzer Blick in die Rezeption sollte dieser Interpretation an die Seite gestellt werden, denn sie bedeutete nicht nur eine wichtige Ergänzung des Gesagten, sondern war in der bisherigen Beschäftigung mit *Philosophie und Gesetz* gänzlich untergegangen.

Ohne wie Scholem in den Formulierungen zum Atheismus gleich *das* Skandalon erblicken zu müssen, wäre in den Besprechungen eines Erwägung des Atheismus als methodische Vorgabe zu erwarten gewesen. Doch weder der wohl beste zeitgenössische Strauss-Kenner Ludwig Feuchtwanger in der *Jüdischen Rundschau*, noch Isaak Heinemann in der *Monatsschrift* des Breslauer Seminars thematisierten den Punkt. Feuchtwanger, der die Radikalität von *Philosophie und Gesetz* erkannte und ihren Triumph über die klassischen Lesarten Maimonides' ins Zentrum seiner Überlegungen stellte, erfasste das aktuell Politische in Strauss' Buch genauer als dieser selbst, wenn er schrieb, wie sehr sich der Autor gezielt auf der fatalen Grenze zwischen Nihilismus und Tradition positionierte, um so eine Deutung der Kämpfe um Mittelalter und Neuzeit zu geben. Dieses freiwillige, aber intellektuell zwangsweise Dazwischen war für Feuchtwanger selbst eine politische Entscheidung, und nicht zuletzt deshalb wies er auf Strauss' Text zu Carl Schmitt ausdrücklich hin. Der kulminierte bekanntlich darin, dass er Schmitt vorwarf, mit dem kritisierten Liberalismus noch die Fundamente zu teilen. Im Falle Guttmanns machte Strauss nunmehr klar, dass dies nicht mehr der Fall war.

In seinem elfseitigen Rezensionsessay »Neuere Arbeiten zur Philosophie des Mittelalters« vom Frühjahr 1935 sah Isaak Heinemann, der Doyen der antiken und mittelalterlichen Philosophie, Strauss im Fragenstellen klüger agierend als im Antwortengeben. Auch Heinemann, der auf Bitten von Guttmann *und* Strauss zeitweilig plante, einen oder gar zwei der in *Philosophie und Gesetz* versammelten Aufsätze einzeln zu publizieren, umging vollständig den »Atheismus«. Stattdessen interpretierte er Strauss in der Weise, dass der entscheidende Schritt aus der zugestandenen gefährlichen »Verinnerlichung« des Judentums heraus durch den »Anschluß an die mittelalterliche Aufklärung eines Maimonides und ihre Leitidee: die Idee des Gesetzes« ersetzt werden müsse. Hingegen finde sich in Strauss' Buch kein Aufruf zu einer Rückkehr zur Orthodoxie. Es war gleichwohl eine harsche Volte gegen Strauss, wenn Heinemann am Ende seiner Besprechung die Kritik Strauss' an dem, was der die Aufklärung nannte, mit Heinrich Scholz in Verbindung brachte und dahinter noch ein vielsagendes Fragezeichen setzte. Heinemann muss Strauss für einen verkappten Protestanten gehalten haben, der mit Aufklärung kämpft, weil er gern etwas Unverfälschtes hätte.

Einzig der Rabbiner und Ideengeschichtler Max Wiener ging in seiner Anzeige im liberalen *Morgen* auf den Atheismus ein, ohne ihm jedoch ein zeitdiagnostisches Gewicht zu geben. Für ihn wiederum stellte die atheistische Position lediglich eine verschleierte Form der Orthodoxie dar.

## Guttmanns Reaktion

Doch nicht auf diese Kritiken sollte näher eingegangen werden als auf jene, die Guttmann selbst schrieb. Strauss wusste durch Briefe Guttmanns von dessen Unternehmung, ohne darauf zu reagieren. Nachdem es 1939 klar war, dass es nicht zur Publikation der (vorläufigen) Version in der *Monatsschrift* kommen würde, nahm Guttmann Kontakt zu seinem Freund und früheren Kollegen Ismar Elbogen in den Vereinigten Staaten auf, um den Text dort zu publizieren. Wie er wohl Strauss schrieb, habe er aufgehört, die Replik weiter auszuführen, weil dieser seine Positionen ja seitdem deutlich verändert habe. Nachdem das lange Zeit als verschollen geglaubte endgültige Manuskript – doch letztlich nur ein Teil davon und ohne Fußnoten – wiedergefunden wurde, publizierte man es 1974 in Jerusalem, ohne das Dokument in Guttmanns Nachlass einzugliedern.

Was schrieb der Kritisierte? Hier ist zunächst eine referierende Wiedergabe unerlässlich, da der Text in Deutschland kaum erreichbar ist. Zunächst konstatierte Guttmann den Bruch zwischen den Schriften bis 1935 und jenen danach. Er forderte Strauss auf, seine neue Position deutlich zu machen, damit man genauer erkennen könne, in welche Richtung sich seine Überlegungen bewegten. Ganz offensichtlich waren dabei das eben skizzierte Forschungsprogramm und die Ausrichtung auf den Politischen Platonismus des Maimonides gemeint, deren Feinzeichnung bereits die ersten Rezensenten angemahnt hatten. Nicht ohne ironische Untertöne gab Guttmann selbst zunächst ein konzentriertes Referat von *Philosophie und Gesetz*.

Strauss habe, so Guttmann, die philosophische Deutung der Offenbarung am Gesetzesbegriff ausgerichtet, wie die Philosophie auch ihr Selbstverständnis gemäß den Vorgaben des Gesetzes entwickelt habe. Dieses schon mehrfach genannte tautologisch-dialektische Verhältnis wird in Guttmanns Wiedergabe aber noch eine Windung weiter gedreht, wenn er sagt, dass die Offenbarung bei Strauss letztlich Gesetzesoffenbarung und gleichzeitig Richterin über die Möglichkeiten und Grenzen der Vernunft ist. Das Gesetz markiert die Insuffizienz der Philosophie.

In der Auseinandersetzung mit Strauss' schwerlich rekonstruierbarer und, wie gesehen, widerspruchsvoller Beweisführung gegen die *Philosophie des Judentums* ging es dem Kenner der arabischen Philosophie in erster Linie darum, die Attacken zwar als durch die Texte gedeckt, aber als längst bekannt und wenig umstürzend zu kennzeichnen. Guttmann dementierte damit scharf und klar die zeitdiagnostische Kraft von *Philosophie und Gesetz*. So sah er das Wechselspiel zwischen Offenbarung/Gesetz und Philosophie gelassener als der Verschärfer Strauss und versuchte in einer Analyse der Schriften etwa von Ibn Rošd zu zeigen, dass dieser seinen Offenbarungsbegriff sehr wohl von der »philosophischen Reflexion« abhängig mache.

Ein zweiter, wesentlicher Schritt stellte die Bemühung Guttmanns dar, dass es sehr wohl einen Unterschied machte, ob der »Primat der Offenbarung grundsätzlich behauptet oder trotz grundsätzlicher Koordination von Vernunft und Offenbarung behauptet wird oder in der Praxis des Philosophierens zur Geltung kommt.« Diese Differenzierungen konnte Strauss nicht machen, da er obsessiv auf die Alternativlosigkeit der Gegenüberstellung von »Philosophie und Gesetz« pochte. Außerdem, und hier wiederholte Guttmann was er in seinem Abschnitt in der *Philosophie des Judentums* zu Sa'adia gesagt hatte, sei in der Tradition des jüdischen Denkens immer wieder explizit die Frage nach dem Vorrang von Offenbarung und Vernunft behandelt worden, also das radikal Neue von Strauss' Überlegungen selbst Thema des Mittelalters gewesen. Wenn Strauss das nicht sah, so Guttman, dann offensichtlich deshalb, weil er nicht darüber nachdachte, dass es in den behandelten Konzepten rivalisierende Offenbarungsansprüche gab und diese schließlich und endlich mittels eines objektiven Arguments nach Typen geordnet werden mussten.

Ganz ausdrücklich erinnerte Guttmann Strauss daran, dass er die vorgenommene Zuspitzung auf die Vorrangstellung der Offenbarung nicht in den Texten belegen könne, weil er die Varianz der Begrifflichkeiten vollkommen unterschätze. Allerlei Argumentationsmuster wiesen außerdem darauf hin, dass zwischen dem mittelalterlichen und dem neuzeitlichen Rationalismus gar kein fundamentaler Unterschied bestehe. Für Guttmann schien Strauss nichts aus den Auseinandersetzungen um das Spinoza-Buch gelernt zu haben. Oder wollte er ihn an den zitierten Brief erinnern, in dem Strauss durchaus die Bedeutsamkeit eines Referats von Positionen gegenüber der Interpretation und der sie leitenden Fragestellung eingeräumt hatte?

Doch Guttmann erblickte schließlich in einer anderen Reflexion das Kernstück von Strauss' *Philosophie und Gesetz*, nämlich, dass die »Offenbarung ihrem Wesen nach Gesetz« sei. Zunächst repetierte er den Gedankengang, der zu dieser als Sprengstoff an der bisherigen Forschung angebrachten Formulierung geführt hatte. Während Guttman Strauss die Dimension des Politischen als einer bislang vernachlässigten Kategorie zugestand, wobei er die Übernahme der Verlängerung hin zu Platon nicht akzeptierte, so klar und unumwunden wies er die Deutung zurück, wonach das Gesetz die Offenbarung bestimme. In einer Nachzeichnung klassischer Passagen des *More* ergab sich für Guttmann, dass das »Endziel der Tora, die Anleitung zur Wahrheitserkenntnis und intellektuellen Vervollkommnung außerhalb der politischen Sphäre« liege, und er ergänzte: »Der letzte und eigentliche Sinn des menschlichen Daseins, das, was den Menschen zum Menschen macht, liegt außerhalb der Welt der Gemeinschaft und vollends der politischen Gemeinschaft und kann nicht von hier aus verstanden werden.«

Guttmann stellt im Folgenden etwas heraus, das man auch so reformulieren könnte: Das Gesetz muss schon deshalb über der Philosophie stehen, weil es ihr etwas gibt, das sie selbst nicht denken kann: eine göttliche, das heißt »totale Lebensordnung«, so Guttmann. Diesem Anspruch musste sich die mit der Philosophie in Beziehung stehende Offenbarung ebenfalls beugen bzw. es sorgte das Gesetz dafür, dass hier kein Defizit erkennbar wurde. Genau das Gegenteil sei der Fall. Was Guttmann mit dem zitierten Satz errichtete, war eine Schutzmauer für das Individuum. Es war weder der Offenbarung und dem Gesetz oder der großgeschriebenen Politischen Philosophie ausgeliefert. Diese sind kein Fatum im Sinne einer tragischen Unentrinnbarkeit. Vielmehr sind sie als historische Größen – Letztere für Guttmann nicht einmal das – Kontinuität stiftend und damit Freiheit ermöglichend.

Damit wurde Strauss' Kippfigur vollständig destruiert, verknüpfte er doch das Schicksal des Gesetzes ohne Abstriche mit dem der Politischen Philosophie. Die von Strauss vorgenommene »völlige Verkehrung« der Motive und der Problemlage entpuppte sich nach der Lektüre von Guttmanns Antwort als durchsichtige Strategie, einen bestimmten Begriff von Philosophie mit Hilfe jener Texte durchzusetzen, die allgemein als Legitimations- und Stabilisierungsressourcen des Judentums anerkannt waren. Wenn aber der Primat der Politik fortfiel, dann war auch die rhetorische Frage von Strauss, warum die philosophische Grundlegung der Offenbarung im Mittelalter nur ein »sekundäres Thema« geblieben sei, leer geworden.

»Sekundär« war für Guttmann etwas anderes, das Strauss als zentrales Seitenstück konzipiert hatte. In einer wichtigen Ergänzung des Bisherigen schob Guttmann nämlich nach, dass Platon keinesfalls der auf eine Politische Philosophie fixierte Denker gewesen sei, als der Strauss ihn präsentiere. Auch bei ihm, wie bei Maimonides, lasse sich die Metaphysik nicht aus dem Zentrum der Philosophie verdrängen. Sie werde in verschiedenen Konzepten erstrebt, und erst von hier aus könne der Zugang zur Politik überhaupt erfolgen.

Guttmanns Umkehrung hatte, wie er selbst weiter ausführte, mit Blick auf Strauss beträchtliche Folgen.

Wenn die Grundlegung der Philosophie aus der Analyse des ihr vorgängigen und vorgeordneten Gesetzes erfolgen sollte, dann setzte das natürlich die Zulassung der Philosophie durch das Gesetz überhaupt voraus. Und schließlich ergab sich dann aus der philosophischen Analyse des Gesetzes nicht nur die Tatsache, dass die Philosophie des Gesetzes bedurfte, sondern die Göttlichkeit, genauer: die Unerreichbarkeit des Gesetzes wurde erst durch die Instanz »Philosophie« dieser vorgeführt. Was Strauss als geschlossenen Zirkel der getrennten Bereiche *Philosophie* und *Gesetz* konstruierte, war tatsächlich nur verständlich, wenn man den spezifischen Philosophiebegriff akzeptierte. Für eine Philosophie, die sich entlang der klassischen Begründungs- und Verweisungsstrukturen bewegte, kam wie seit altersher nur die Metaphysik als Höchstes in Frage.

Wenn Guttman im letzten Absatz zu der Kritik an seinem Buch Stellung nahm, dann interessierte ihn auch dort die Konsistenz der von Strauss erdachten Dualismen. Die Alternative »Aufklärung oder Orthodoxie« verstand er vor dem Hintergrund, dass *Philosophie und Gesetz* an der Umstülpung des bisher Bekannten orientiert war. Die Extreme sollten die Haltlosigkeiten der Vermittlungsbemühungen offenlegen, nicht weil diese jene widerlegt hätten, sondern weil sie genau darauf verzichteten. Wer aber in den Extremen denkt, das zeigte der Schluss von Guttmanns Antwort auf Strauss, dem gehen die konkreten Inhalte verloren. So zeige sich bei dem Jüngeren eine fatale, an die Religionskritik Feuerbachs und Nietzsches erinnernde Neigung, den Glauben aus dem Bedürfnis des Menschen zu erklären, der sich in seiner totalen Ohnmacht »nach autoritärer Lebensleitung überhaupt« sehne.

Mit einer ironischen Wendung, die auf den autoritären Stil von Strauss' Attacke hinweist, schließt Guttmann seine Erwiderung. Es komme seinem Gegner offensichtlich nicht auf den spezifisch jüdischen Gehalt der Offenbarung an, vielmehr bediene er sich einer Auffassung von ihr, die auch im Christentum Geltung haben könne. So verfahre er auch in seiner Gegenüberstellung von Aufklärung und Orthodoxie und in der Ausdeutung der mittelalterlichen Philosophie. Überall herrsche der gleiche methodische Kniff: die Unterordnung der Vernunft unter das, was er als Offenbarung begreife. In diesem Vorgehen werde bei Strauss auf fatale Weise eine Denkfigur wirksam, die er ihm, Guttmann, ankreide, nämlich die Übertragung des eigenen Standpunktes – Guttmann schreibt sogar der »eigenen Glaubensauffassung« – auf den zu analysierenden Gegenstand. Und dies gelte sowohl für die historischen wie auch die systematischen Argumente seiner Abhandlung.

Präziser kann man die Abhängigkeiten der von Strauss aufgemachten Unterscheidungen nicht benennen. Letztlich sah Guttmann Strauss als Opfer seiner zeitbedingten Radikalität. Weil er beweisen wollte, was er selbst als Atheist glauben möchte, musste er sich auf einen ausschließenden Begriff von Gesetz und Offenbarung beziehen. Der aber war nicht mehr in der Aufklärung vorhanden; die einzige Sinnressource die blieb, war das Mittelalter des Maimonides. Der Unfähigkeit der gemeinsamen Gegenwart von Guttmann und Strauss, genau dies zu erkennen, erklärte Letzterer den Krieg. Insofern war die Aussage, dass die Aufklärung die Sicht und das Selbstverständnis des Judentums bestimme, völlig richtig.

Guttmann verweigerte Strauss den Ritterschlag, ein aus zeitdiagnostischen Gründen atheistischer Orthodoxer geworden zu sein. Auch die angestrebte Politische Philosophie, samt der dazu nötigen Umwidmung des Maimoindes in einen Platoniker, löste bei Guttmann nur Kopfschütteln aus. Er hielt Strauss' Buch sicherlich für geistreich – und selbst das meinte er positiv.

Guttmanns Antwort wurde um 1939/40 in Jerusalem geschrieben, sie wirkte trotz ihrer sachlichen Richtigkeit antiquiert. Dass die nachgereichte Kritik Guttmanns veraltet erschien, hatte mit der Ernsthaftigkeit und Strenge zu tun, mit der sie auf die Kriterien historischer Forschung pochte. Der Vorwurf Guttmanns schließlich, es handele sich bei *Philosophie und Gesetz* auch um die Bezeugung der unterstellten Sehnsucht nach »autoritärer Lebensleitung überhaupt« konnte 1939, bezogen auf im Jahr 1935 Veröffentlichtes, nicht auf die leichte Schulter genommen werden. Die Feststellung war der Ausdruck eines Erschreckens darüber, dass Denken, das sich durch Konzentration auf sich selbst von den Fesseln der Zeit befreit glaubte, sich ihr um so mehr auslieferte.

Strauss lehrte zu dieser Zeit bereits an der New Yorker New School for Social Research. Er hatte sich schon ganz einem neuen Projekt verschrieben. Der Reiz des Atheismus war verflogen, – das Verhältnis von Gesetz und Offenbarung aber blieb der Mittelpunkt seines Denkens.

## Tod und Verklärung – Franz Rosenzweigs Nachleben

Alexander Altmanns Suche nach einem Konzept, das zunächst und ausschließlich den nach 1933 in Deutschland lebenden Juden angemessen war, endete bei der skizzierten »jüdischen Theologie«. Dieser Idee näherten wir uns begriffsgeschichtlich und nahmen außerdem das Diskussionsumfeld in den Blick. Anschließend stand Leo Strauss' Provokation *Philosophie und Gesetz* im Mittelpunkt des Interesses. Er forderte Julius Guttmanns Sicht auf die *Philosophie des Judentums* heraus, weil sie letztlich noch ganz dem seiner Ansicht nach veralteten Aufklärungsparadigma verpflichtet war.

»Jüdische Theologie« und »jüdische Philosophie« waren ab 1933 die beiden zentralen Begriffe, an denen sich die Auseinandersetzungen der Zeit entzündeten und auf die sie zuliefen. In der Weimarer Republik hatte Franz Rosenzweig im Brennpunkt der beiden Konzepte gestanden. Doch nach der »Machtergreifung« der Nazis wurde seine Rolle neu definiert. Erstmals in der Auseinandersetzung mit Rosenzweig soll hier sein Nachleben genauer beleuchtet werden. Warum Rosenzweig? – Genau auf diese Frage soll eine Antwort gefunden werden.

Gehört die Rezeptionsgeschichte Franz Rosenzweigs nach seinem Tode am 10. Dezember 1929 bis hin zum nahezu vollständigen Ende öffentlichen jüdischen Lebens in Deutschland im November 1938 zu der jener großen Männer, die, wenn sie nicht die Weltläufte bestimmten, so doch die Sehnsüchte auf sich zogen und deren zu Denkmälern verfestigtes Leben und Werk Kraft und Mut in furchtbaren Zeiten geben sollte? Oder war die Beschäftigung mit Rosenzweig in diesen Jahren bereits mehr Erinnerungsarbeit, die sich an der Idee des Lehrhauses, dem Kampf um eine Erneuerung des Judentums orientierte, kurz: Stand er nicht – auch nach seinem Tode – vor allem für die »Renaissance« und Rückkehr oder besser: die Wendung hin zum Judentum?

Die Fragen sind bisher nicht einmal bedacht worden. Die Rezeptionsgeschichte wurde bisher ausschließlich für das Projekt *Die Schrift. Zu verdeutschen unternommen von Martin Buber, gemeinsam mit Franz Rosenzweig* geschrieben. Doch wie Rosenzweig in anderen Diskursen aufgenommen, interpretiert oder wie sein Denken transformiert wurde, ist weder für die zeitgenössische Literatur noch für die gegenwärtige bisher geleistet worden. Diese Forschungslücke, die auch in der seit dem inzwischen legendären Kasseler Rosenzweig-Kongress von 1986 stattfindenden intensiven Beschäftigung mit dem Religionsintellektuellen nicht als solche wahrgenommen wurde, kann hier nicht geschlossen werden.

Ein Grund hierfür ist neben der Materialfülle ein methodischer: Es gibt kein erprobtes Modell in der jüdischen Geistesgeschichte, mit dem die besondere Stellung Rosenzweigs vor allem nach 1933 in Deutschland erklärbar wäre. Das heißt, dass es sich bei der betrachteten Thematik nicht zuvörderst um eine Konstellation von Sachthemen und Argumenten handelt, sondern um eine, in der die Person im Mittelpunkt steht. Rosenzweig war nach dem Machtantritt der NSDAP *der* deutsche Jude der Vergangenheit, mit dem sich Hoffnung und Zuversicht wecken ließen, der in immer neuen Anläufen als Fackelträger in völliger Dunkelheit präsentiert wurde. Martin Buber, lange vor Rosenzweig als charismatische Figur bedeutsam, übernahm nach dem Tode Rosenzweigs Funktionen: Er war fortan unermüdlicher Aktivist der Lehrhaus-Idee, viel beschäftigter Vortragsreisender, von dem Botschaften erbeten wurden, Autor unzähliger Artikel und Bücher, die sich als Suche nach einem Einheitspunkt aller Juden erwiesen, auch Bibelübersetzer, und damit derjenige, der eine allen gemeinsame Sprache anbot. Doch Buber war in diesen Jahren gegenwärtig, Rosenzweig hingegen tot. Es gab die Umrisse eines Werkes, zahllose Anekdoten und geheimnisvolle Geschichten, eine ebenso heterogene wie aktiv-kämpferische Jüngerschaft über die Grenzen der Religionen hinweg. Gerade weil er mit dem Hauptwerk *Der Stern der Erlösung* eine Kehrtwende vollzog, die der akademischen Philosophie ein Rätsel bleiben musste – und selbst sein treuer Lehrer Friedrich Meinecke resignierte angesichts des »neuen Denkens« und erklärte sich für nicht zuständig –, öffnete sich der weite Raum der Identifikation, ein Reflexionshorizont, der an der Zeit schien und der Ahnungen zuließ, selbst da wo Rosenzweig auf den bloß systematischen Gehalt seiner Worte pochte.

Nochmals die Frage: Warum Rosenzweig? Die kürzeste Antwort wäre: Weil er Hermann Cohen beerbte. Letzterer war seit seiner Wortmeldung 1880 im Streit um Heinrich von Treitschkes antijüdische Äußerungen eine öffentliche Reizfigur. Er engagierte sich in zahlreichen Debatten, die während des Ersten Weltkrieges auch seine Existenz gefährdeten. Andererseits erreichte er auch in nichtjüdischen Kreisen eine hohe Akzeptanz als der wahrnehmbare intellektuelle Führer des deutschen Judentums. Noch während der gesamten Weimarer Republik war Cohen eine zwar immer wieder, vor allem von Jungtürken, kritisierte Gestalt, doch jede philosophische oder theologische Auseinandersetzung fand um seine Argumente statt. Der Kämpfer Hermann Cohen aber – dies wussten einige wenige wie etwa Franz Rosenzweig und Leo Strauss – hatte in den eigenen Reihen keinen Nachfolger gefunden. Noch in seinem immer wieder gern analysierten, ideengeschichtlich interessanten, inhaltlich jedoch bedeutungslosen Text über die »Vertauschten Fronten«, der sich auf die Davoser Debatte zwischen Ernst Cassirer und Martin Heidegger im Jahr 1929 bezog, beklagte dies Rosenzweig – und entschied sich für Heidegger. Eine andere Rezeption erfuhren die Schriften Cohens: eine dreibändige Ausgabe *Jüdischer Schriften* erschien 1924, eine Sammlung kleinerer philosophisch-zeitgeschichtlicher Arbeiten in zwei Bänden 1928; im Jahr darauf schließlich legte Bruno Strauß die verbindliche Edition der *Religion der Vernunft aus den Quellen des Judentums* vor. Mehrere Dissertationen erschienen über Cohen, auch im Ausland. In der jüdischen gelehrten Welt war das bis 1933 so. Dann riss es ab: Das Judentum, für das Cohen stand, wird zum innerjüdischen Zankapfel und teilweise zum ärgsten äußeren Feind stilisiert. Nach dem Januar 1933 erschienen in Deutschland lediglich seine kleine Schrift »Der Nächste«, mit einer Vorbemerkung von Martin Buber, und eine schmale Auswahl von Briefen. Danach verstummte auch die Stimme seiner Schüler in Deutschland vollends.

Dass er die Rolle Cohens nicht übernehmen konnte, wusste Rosenzweig bereits sehr früh. In seinen Briefen ist von immer wieder abgebrochenen Lektüren der Schriften Cohens die Rede, vieles verstand er nicht, die *Logik der reinen Erkenntnis* etwa blieb ihm zeitlebens unzugänglich. Dennoch erkor man ihn aus der folgenden Generation heraus zum »Nachfolger« des von ihm selbst spät entdeckten »Meisters«. Will man dies nicht einfach konstatieren, sondern verstehen, so lohnt ein Blick in die Genealogie der »Führer«-Figuren, wie sie etwa in der Theologenzunft der Zeit entstanden, die zumeist, wie Rosenzweig, mehrere Rollen besetzten: Intellektueller, spiritueller Anleiter, religiöse Identifikationsperson. Der Begriff »Führer« ist bewusst gewählt, weil in der Rosenzweig-Rezeption alle Elemente vorkommen, die auch in anderen elitären Zirkeln bei der Kreation einer charismatischen Führerfigur anzutreffen sind.

Deshalb kann ein Blick auf jene Reflexionen hilfreich sein, die sich auf Kristallisations- und Machtprozesse innerhalb der Theologie beziehen. Das soll im Folgenden anhand eines Interpretationsansatzes versucht werden, der die handelnden Personen ausdrücklich als ideologische und intellektuelle Funktionsträger und als Identifikationsmodelle begreift.

## Frontverläufe theologischer Diskurse

Am 24. Mai 2004 hielt der Münchner Professor für systematische Theologie Friedrich Wilhelm Graf in der Bayerischen Akademie der Wissenschaften einen Vortrag mit dem Titel »Annihilatio historiae? Theologische

Geschichtsdiskurse in der Weimarer Republik«. Der seit 2005 vorliegende Text stellt den wohl zur Zeit ambitioniertesten Versuch dar, die bislang ungeschriebene Geschichte der Theologie und ihrer Debatten zwischen 1918 und 1933 zu kontextualisieren und zu deuten. Er tut dies, um die klassische Konfessionsgeschichte zu überwinden, die jeweils Spezialgeschichten ihrer christlichen und jüdischen Vertreter anmahnen, ohne auf Gemeinsamkeiten zu schauen. Stattdessen operierte Graf mit dem zeitgenössischen Begriff »Generationsbrüder«, den auch Rosenzweig verwandte, wenn er Margrit Rosenstock-Huessy gegenüber von Paul Tillich schwärmte. Aus der Generationszugehörigkeit der Theologen ergab sich eine weitere Schnittfläche, die Graf interessierte: die Revoltefreudigkeit gegen die alten Lehrer, die ordinarienhaft eine von ihnen selbst erfundene Tradition verwalteten, was weder der Zeit noch deren Wissensstand entsprach. Und schließlich lasen sich die Generationsgenossen gegenseitig, verfolgten mehr oder weniger genau, nicht selten eifersüchtig, was die anderen dachten und taten. So entstanden hochkomplexe Formen von Zitationskartellen, geheime Resonanzen, die die freizügig gegebenen Hinweise auf Stärken und Schwächen der anderen weiter transportierten, wobei aber jeder genau wusste, wer mit welcher Anspielung gemeint war. Nach Graf herrschte unter den Theologen ein brutaler, sich gegenseitig anfeuernder Ideen- und Sinnstiftungswettbewerb.

Gestützt wird diese These durch argumentative Gemeinsamkeiten der Protagonisten. So kann er zusammenfassend formulieren: »Analog zur Umstellung der theologischen Temporalsprachen auf Unmittelbarkeitsevidenz wurden auch die Bildsprachen der Theologie präzisiert«. Die Präzisierungen wurden nicht selten dadurch erreicht, dass Spurenleser anderer Disziplinen sich theologischer Begriffe und Deutungsmuster bedienten und sie dabei methodisch schärften. Von Beginn an konfessionsübergreifend etwa war der damalige – heute wieder im Blickpunkt stehende – Streit um den von Carl Schmitt forcierten Kampfbegriff »Politische Theologie«, der aber wiederum die Grenzen theologischer Kompetenz schnell überschritt.

Damit nicht genug. Innerhalb der Zunft gab es, folgt man Graf, Deutungsdramen, die sich von der Zeit, in der sie inszeniert wurden, nicht lösen lassen, die aber auch nachträglich nicht zu erkennen geben, wieviel Gegenwart sie transponierten. Ein Beispiel aus Grafs reicher Sammlung betrifft etwa die allseits zu beobachtende modische, mit eschatologischen und messianischen Elementen beladene Auseinandersetzung um den Status der Religionsgesetze über die Konfessionsgrenzen hinweg.

Die Stunde der Theologie schien gekommen. Das Ende des Ersten Weltkrieges hatte einen riesigen Möglichkeits- und Vorstellungsraum eröffnet, in dem sich Sehnsüchte und Machtansprüche vermischten und nicht voneinander trennen ließen. Die so entstandene Situation, die gemeinhin als Krisis deklariert wurde, rief all jene auf den Plan, die entweder apokalyptische Defizite oder zeit- und raumüberspringende Heilsvorstellungen anzubieten hatten. In der Weimarer Republik haben daraus viele jüdische Intellektuelle, erinnert sei an Walter Benjamin oder Ernst Bloch, die Konsequenz gezogen und jenseits des traditionellen Wissens eine hoch spekulative Theologie und Gegenwartsauslegung kreiert, die ihre Karriere zumeist den in Fluss geratenen Überlieferungen verdankten. Sie wurden schnell zu Teilen des intellektuellen Zitatenschatzes und sinnstiftenden Anspielungsmaterials und erschienen, bis zum Bersten mit Jetztzeit aufgeladen, späterhin als reizvolle Überschussphänomene.

Rosenzweig war selbstverständlich kein Theologe, aber doch lange Zeit eher ein Teilnehmer der protestantischen Diskurswelt denn der bloß angedeuteten jüdischen. Gegenüber den theologischen Mandarinen der Zeit war er ein Zwerg, der aber den innerjüdischen Diskurs vielfältig und weitgehend mitbestimmte. Der Aufstieg von Benjamin, Bloch und anderen begann erst mit der Suhrkamp-Kultur nach dem Krieg. Die Geste hingegen, mit der Überzeugungen, Thesen und ganze Welten aufgerichtet wurden, nachdem man konkurrierende Modelle in den Orkus geschickt hatte, war Rosenzweig alles andere als fremd. Die »Führer«-Geste war von Beginn an seine Sache. 1921 etwa schleuderte er den Hörerinnen und Hörern des Frankfurter Lehrhauses bemerkenswerte Worte entgegen, die im letzten je auf Deutsch erschienenen Schocken-Almanach aus dem Jahre 1938/39 erstmals veröffentlicht wurden.

Rosenzweig schockierte seine Zuhörer. Zwar würden sie ihn verstehen können, doch wohl nur akustisch. Tatsächlich müssten sie immer damit rechnen, nicht nur verunsichert, sondern auch verärgert zu werden. Denn die Versammlung bestehe aus »vergriechten und entjudeten« Philosophen, deren bisherige Weltsicht zerstört werde, da sie außerhalb der Welt der Ideen leblos sei.

Ein weiteres Beispiel für seinen Einfluss zu Lebzeiten auf die Herausbildung von Diskursen sei herausgegriffen. Im Sommer 1923 schrieb Rosenzweig unter dem Titel »Die Bauleute. Über das Gesetz« einen offenen Brief an Martin Buber, der ihn schließlich in der

August-Ausgabe 1924 seiner Zeitschrift *Der Jude* veröffentlichte. Die Reaktionen von liberaler wie von orthodoxer Seite waren scharf ablehnend.

Das war nur konsequent, denn Rosenzweig suchte nach einem dritten Weg, der Gesetz und Offenbarung gleichstellte, sie aber nicht in orthodoxer Weise zum Zentrum machte noch als wesentlichen, aber auch der Geschichte unterworfenen Teil des Judentums betrachtete. Der Publikation war ein langer Briefwechsel mit Buber vorangegangen, in dem dieser sich gegen die Oktroyierung des Gesetzes wehrte. Noch im Herbst des Jahres setzen sich gleich drei Beiträge im orthodoxen *Israeliten* mit dem Text äußerst kritisch auseinander, nicht anders die *Jüdisch-liberale Zeitung*, die einen ablehnenden Essay als Broschüre im Berliner Philo-Verlag veröffentlichte. Seitdem geisterten die wenigen Seiten in allen erdenklichen Auseinandersetzungen umher. Auch diejenigen, die Rosenzweigs Bemühungen ablehnten, dem Gesetz einen Sinn zu geben, der sich in das Projekt des »neuen Denkens« und des *Sterns der Erlösung* einpasste, also das Gesetz als das hauptsächlich Gebotene zu verstehen, kamen nicht um eine Antwort auf diese Deutung herum. Die Attacke auf die etablierten Sichtweisen sicherte Aufmerksamkeit – das konnte Rosenzweig bei den von Graf analysierten Generationenkämpfen leicht lernen.

## Der Märtyrer

Als Rosenzweig 1929 verstarb, war die jüdische Presse voll von Nachrufen. Nicht wenige Autoren publizierten mehrere Artikel in verschiedenen Zeitungen und Zeitschriften, wie etwa der Altonaer Rabbiner Joseph Carlebach. 1930 erschienen zwei Drucke aus dem Freundeskreis, die sich zumeist auf persönliche Begegnungen und Eindrücke beschränkten. Erste Analysen hoben die Sonderstellung des Religionsintellektuellen hervor. Gleichzeitig legte der Arzt und Freund Rosenzweigs Richard Koch eine entmythologisierende Krankengeschichte vor, die manches geheimnisvolle Raunen als Erfindung entlarvte. In Hamburg bemühte sich die am ersten Todestag 1930 gegründete »Franz-Rosenzweig-Gedächtnisstiftung« unter anderem um die Herausgabe seiner Schriften, konnte aber weder das dazu nötige Geld aufbringen, noch fanden sich kompetente Editoren. Das Zentrum der Aktivitäten aber bildete ein reichhaltiges und auf hohem Niveau stehendes Studienangebot, das ganz der Lehrhaus-Konzeption verpflichtet war. Ebenfalls 1930 widmete Rosenzweigs langjähriger Gefährte und Mitübersetzer Martin Buber einen Nachruf in den *Kant-Studien*. Bezeichnend war, dass Buber diesen Text drei Jahre später in einem Band mit dem Titel *Kampf um Israel* wieder abdrucken ließ. Schließlich dedizierte Buber 1930 seine Broschüre *Über die Wortwahl in einer Verdeutschung der Schrift* ausdrücklich »Dem Gedächtnis Franz Rosenzweigs«. Leo Strauss setzte ebenfalls Franz Rosenzweig als Widmungsträger ein, nämlich in seiner Studie über *Die Religionskritik Spinozas als Grundlage seiner Bibelwissenschaft*.

Die nächste bedeutsame Etappe in der Rezeptionsgeschichte Rosenzweigs wurde im Frühjahr 1931 erreicht. In einem Artikel Gerhard Scholems, den das *Frankfurter Israelitische Gemeindeblatt* und dann die *Bayerische Israelitische Gemeindezeitung* in leicht voneinander abweichenden Fassungen abdruckten, wurde Rosenzweig auf eine neuartige und folgenreiche Weise situiert. Anlass für Scholems Artikel war die Neuauflage des *Stern* im Jahr 1930. Was habe seine Generation eigentlich an Rosenzweig und seinen Büchern fasziniert? Erst der Rückblick gebe den Blick auf die »heilende synthetische Macht« frei, die vor allem der *Stern* entfaltet habe. Scholem hatte auch in diesem Fall die richtigen Intuitionen. Obgleich sein Stil selbst von einer mythischen Anziehung durch den *Stern* kündete, bestand er darauf, dass Rosenzweigs Wirkung in erster Linie auf der Unfassbarkeit des Gesagten beruhte. Man *musste* von Verklärung sprechen, denn Rosenzweig war während seiner Lebenszeit alles andere als eine zentrale Figur im deutsch-jüdischen Kontext gewesen. Es war gleichwohl Scholems Generation, die nach ihrer Überzeugung neue Inhalte und Ziele setzen wollte, die das vermeintlich Etablierte nicht liefern konnte oder wollte.

Dabei war das Neue, von dem Scholem später sprach, mit einer »herrischen Aggressivität« gegen die etablierten liberalen und orthodoxen Positionen vorgetragen worden, die eigentlich eine Reaktion hätte erwarten lassen. Bis auf den *More Newuchim* und den *Sohar* glaubte Scholem zurückgehen zu müssen, um die häretische Kraft des *Stern* fassen zu können. Doch die Zeit, in die das Buch hineinstach, war durch Verfallserscheinungen seiner potenziellen Gegner gekennzeichnet. Der inhaltsleeren liberalen Theologie, der auf dem destruktiven Einfluss Raphael Samson Hirschs beruhenden Orthodoxie und den »scheinbar säkularisierenden Tendenzen« des Zionismus setzte Rosenzweig, so Scholem, die Erinnerung an die Offenbarung ebenso wie die vollständig antiapokalyptische Tendenz seines Erlösungsbegriffes entgegen. Auf diese Weise, zwischen allen Stühlen sich wiederfindend, sei Rosenzweig aufgrund seiner geradezu revolutionär lebendig erscheinenden Antworten zu einem weltzugewandten Pragmatiker geworden. »Wenn der Blitz der Erlösung das Weltall des Judentums steuert, so ist hier das Leben des Juden der Blitzableiter, der seine zerstörende Gewalt zu brechen bestimmt ist.« Dieses, so inszenierte es Scholem, gewaltige Werk war das eines Märtyrers, einer Figur, die sich den Zeitgenossen eingebrannt habe.

Man konnte bereits bei Scholem jene drei Elemente finden, die in unterschiedlichen Anteilen das künftige Ergebnis dessen, was unter dem Namen Rosenzweig verstanden wurde, ausmachen: die Erneuerung des Judentums mit Hilfe des kräftigen Impulses namens *Stern der Erlösung*; die Hinwendung jüdischer Religiosität zum Handeln; und schließlich der für seine Überzeugungen Gestorbene selbst, hier wiederum kulminierend im christlich dominierten Bild des Märtyrers.

Doch bevor diese drei Farben auf die leergefegte Fläche aufgetragen wurden, versuchte eine Autorin eine philosophische Lesart Rosenzweigs zu etablieren, die ihre Interpretation auf die Lektüre von Rosenzweigs Werken stützte. Else Freunds Monographie war in jeder Hinsicht eine Pionierarbeit.

Bei dem Breslauer Philosophen Siegfried Marck bestand Else Freund am 29. Juli 1932 ihr Rigorosum. Eingereicht hatte sie eine Arbeit mit dem Titel *Die Philosophie Franz Rosenzweigs. Ein Beitrag zur Analyse seines Werkes: Der Stern der Erlösung*, die ihm Jahr darauf in einer Kurzfassung in Breslau erschien und kurz danach als 152 Seiten starke Abhandlung *Die Existenzphilosophie Franz Rosenzweigs. Ein Beitrag zur Analyse seines*

*Werkes: Der Stern der Erlösung* publiziert wurde. Mit diesem Werk begann die im strengeren Sinne wissenschaftliche Rezeptionsgeschichte Rosenzweigs, und sie endete auch in einem bestimmten Sinne mit diesem Buch, denn es sollte die einzige in Deutschland erschienene Analyse in Buchlänge bleiben – und dies noch lange Zeit nach dem Zweiten Weltkrieg.

Freunds Arbeit ist ganz auf die Konfrontation Rosenzweigs mit Heidegger hin geschrieben, die sich durch die Verneinung der Systematik des Deutschen Idealismus auszeichne. Diese allgemeine Charakterisierung zeigte den Denker Rosenzweig, der sich in die philosophische Tradition stellte, um sie dann aufzubrechen. Möglich wurde die Rückkehr zum Judentum nach Freund aus einer Welterfahrung, der sie in zweierlei Hinsicht Bedeutung zuschrieb: Der Erste Weltkrieg ließ den Tod auf eine neue Weise real werden. Ihn konnte kein Argument mehr aus der Welt drängen. Die Konsequenz daraus war, dass Gott die einzige Wahrheit wurde, die die Todesmühlen des Krieges nicht vernichten konnten. Mit diesen beiden Thesen wurde Rosenzweig Teil einer philosophischen Bewegung der Extreme, die sich häufig mit dem Ausweis des Dagegenseins zufrieden gab und die Begründung dafür den Imaginationen der Leser übertrug. Schon bei Scholem hatte es immer wieder Anklänge an die Urkatastrophe des 20. Jahrhunderts gegeben, die auch bei ihm für die geschichtliche Besiegelung des Zusammenbruches neoidealistischer und neukantianischer Syntheseversuche herhalten musste. Freund etablierte so jene geschichtsphilosophische Lesart Rosenzweigs, die noch lange im 20. Jahrhundert vorherrschte.

## Rosenzweigs Rezeption nach 1933

Das Bild des Märtyrers würde überladen, wenn man darin auch die Antizipation des Künftigen vermuten wollte. Doch die vorgenommenen Charakterisierungen Rosenzweigs kulminierten immer wieder in dieser Metapher. Dass, was er auf sich nahm, was er der Zeit, seinem Körper und seinem Geist abrang, konnte ohne Umwege als beispielhaft herausgestellt werden. Der Märtyrer war auch ein Kämpfer, der jüdischen Eigensinn gegen die Zeitläufte auf die Agenda setzte. Das Zusammentreffen des Rosenzweig-Konstruktes mit der realen Geschichte sollte weitreichende Folgen haben.

Eine davon war, dass man mehr von Rosenzweig wissen wollte, seine Auseinandersetzungen nachzuvollziehen und zu verstehen versuchte. So war es nur folgerichtig, dass diese nach dem Epochenbruch 1933 stark ansteigenden Sehnsüchte zunächst mit der Edition neuer Bücher gestillt wurden.

Es musste daher als Höchstmaß an symbolischer Verdichtung aufgefasst werden, als der Schocken-Verlag seine später berühmte »Schocken-Bibliothek«, die sich an den »suchenden Leser« wandte, der in »gedrängter Form Gültiges« erhalte, mit zwei Bänden aus Rosenzweigs Feder eröffnete. Mit der *Tröstung Israels* aus *Jeschajahu* Kap. 40–55 in der »Verdeutschung« Bubers und Rosenzweigs startete die Reihe, um dann mit der Übersetzung von Jehuda Halevis *Zionsliedern* samt Anmerkungen fortzufahren. Vier Jahre später, also 1937, erschien das Sammelbändchen *Franz Rosenzweig: Zur jüdischen Erziehung. Drei Sendschreiben*, das unter anderem erneut die Auseinandersetzung mit der Halachah unter dem Titel »Die Bauleute« und, wichtiger noch, den umfangreichen Brief vom 23. März 1917 an Hermann Cohen enthielt, der unter dem Psalmentitel »Zeit ists!« Berühmtheit erlangte.

In seinem »Nachwort« merkte Eduard Strauß 1937 an: »Dem Wandel und dem Zwange der Zeit gewachsen, währt die Tat Franz Rosenzweigs: sie ist nicht im Sinn eines Vergangenen ›Geschichte‹ geworden.« 1933 wie 1937 fungierte als Leitmelodie ein Satz aus dem erwähnten Brief an Cohen: Nicht ums Gelesenwerden ginge es, sondern um Wirkung. Einen Denker durch seine Reflexion gegenwärtig zu halten, war schon immer Teil von Traditionsbildung und anschließender Bewahrung. Hierin lag noch nichts Spezifisches. Auch die Versuche, einen Autor dadurch zu kanonisieren, dass man außerordentliche Ereignisse oder die Teilnahme an ihnen nutzte, um dem Werk über die Person die Aura des Besonderen und Exzeptionellen zu geben, waren Konvention. Das galt nicht minder für hagiographische Erzählungen, Hervorhebungen von Helden- oder Leidensgeschichten und die Unterdrückung von Dokumenten, die das angestrebte Bild hätten stören können.

Im Falle Rosenzweigs finden sich all diese Elemente, verstärkt durch die Umstände seines Lebens und der Zeit. Die Erlebnisse im Ersten Weltkrieg hatten hierbei eine besondere Bedeutung. Er wurde von Beginn an nicht in seiner patriotisch-vaterländischen Dimension angesehen, sondern als Erlebnisraum, in dem Rosenzweig – unter Gefahr, in besonderer Nähe zum jüdischen Volk und Gott – zu seiner Berufung fand, den Aufruf an Cohen und die Entwürfe zum *Stern der Erlösung* schrieb. In fließendem Übergang wurden die Motive kombiniert, die unmittelbar eingängig waren: die durch den Krieg ausgelöste Katharsis; das Extrem als Medium der Wahrheit; und schließlich die Emphase, mit der die Aufgaben übernommen und gelöst werden sollten. In der Bewährung an der Front wurden diese Motive mit einer quasi transzendenten Qualität versehen. Alles das erhielt nach 1933 in den Berichten über Rosenzweig eine spezifische Färbung, indem es nicht universalisiert, sondern im Gegenteil vollständig partikularisiert wurde. Rosenzweigs Erlebnisse, und das war das Natürliche und Besondere gleichzeitig, wurden als einzig und allein jüdische Erlebnisse begriffen.

Der Lebensweg war in dieser Sicht retrospektiv notwendig: Aufgewachsen in einer dem Klischee entsprechenden deutsch-jüdischen Familie, das hieß: wohlhabend, vollständig assimiliert, zahlreiche Kontakte mit Christen, die daraus folgende Abwendung vom Judentum, das dann doch obsiegte, und die Rückkehr zum wahren Glauben – das war das Gefüge der wachzuhaltenden Geschichte. Von hier, nunmehr mit klarem Blick auf die Dinge, wurden nach und nach, geadelt durch eine besondere Erfahrung, liberales und orthodoxes Judentum als falsche Alternativen entlarvt. Der dritte Weg, beglaubigt durch das Erleben der Gefahr der Konversion, musste inhaltlich gefüllt werden, was dann ja auch geschah. Dort knüpfte die Erzählung vom Motiv der Krankheit an, zusätzlich noch versehen mit der persönlichen Nähe zu Rosenzweig. Verstärkt und gar zur Legitimationsurkunde für die Kreation eines neuen Judeseins gemacht, wurden diese Perspektiven auf Rosenzweig durch die nationalsozialistische »Machtergreifung«. Mustergültig erfüllt wurde dieser Anspruch mittels des 1935 erschienenen Briefbandes, der mit 743 großformatigen Seiten einer der umfangreichsten Bände wurde, die Schocken bis 1939 jemals publizierte. Die von Edith Rosenzweig und Ernst Simon herausgegebenen *Briefe* wurden in einer aufwendigen Edition präsentiert, der eine umfangreiche Korrespondenz mit den Empfängern vorausging, um die Kürzungen, Streichungen und anderen Eingriffe abzustimmen und die Druckerlaubnis einzuholen. Besser als jeder andere Kommentar gibt der bis heute nicht wieder veröffentlichte Text des Waschzettels, dessen Autor der uns schon bekannte Lektor Moritz Spitzer war, Einblick in die Intentionen des Verlages und der Herausgeber. Danach seien die Briefe Rosenzweigs Dokumente großer Wirksamkeit im jüdischen und deutschen Geistesleben, die durch dessen Funktion als Sprecher der Juden Westeuropas ermöglicht wurde. Auf einen Aspekt legte Spitzer jenseits von Werbezwecken besonderen Wert in seiner Deutung der Edition: Rosenzweig habe durch sein Leben und sein Schicksal die Zeit und ihre Fragen einer wahrhaften Antwort zugeführt.

Dass »eine Zeit und ihre Frage wahrhaft Antwort gefunden hat« löste den Gemeinten aus irdischen Zusammenhängen. Die Verlagerung von Hegels Diktum, wonach Philosophie »ihre Zeit in Gedanken erfaßt«, auf ein Individuum, das seine Zeit und ihre Frage beantwortet habe, war nur konsequent. Rosenzweig bewahrte aber nicht nur den Kern seiner Lebenszeit in seinem Schaffen, es wurde ja ausdrücklich über das Werk hinausgegriffen, sondern er war auch für die Menschen im Jahr 1935 maßgeblich. Das Fortschreiten vom jüdischen zum deutschen Geistesleben gab exakt das Selbstverständnis und die Diagnostik der Zeit wieder. Es war die sichere und unangreifbare jüdische Partikularität von der aus auf anderes zugegangen wurde. So wurde Rosenzweig zum Beispiel, zum Künder eines neuen Selbstbewusstseins, der sich in seinen Briefen offensichtlich ringend suchte und fand.

Was erwartete den Leser des Bandes? Die Briefe der Korrespondenten wurden nicht abgedruckt – sie erschienen gelegentlich ergänzend in den Fußnoten –, sondern einzig Rosenzweigs Äußerungen wurden dokumentiert. Las man die Briefe von der ersten bis zur letzten Seite, dann stellte sich der Eindruck eines mächtigen Kampfes ein. Von den anfänglichen Suchbewegungen nach Halt – so als wollten die Herausgeber Ernst Troeltschs Ausruf »Alles wackelt!« bestätigen – über den unermüdlichen Einsatz für die jüdische Sache, hin zu der Freundschaft mit Buber und der Erneuerung des Judentums qua »Verdeutschung der Schrift« ergab sich in der Summe eine klassische Entwicklungsgeschichte – eine Entwicklungsgeschichte, die, da die Opponenten keine Stimme erhielten, von ihm selbst und allenfalls noch von den Strukturen der Zeitläufte geschrieben wurde.

Gelangte man mit diesem Lektüreeindruck an das Ende von Rosenzweigs Leben, dann war man am Schluss inmitten einer bemerkenswerten Dramaturgie. Der 543. Brief, dessen genaue Zeitangabe »Montag, 9.12.29 [½7 abends]« lautet, war einer an Buber, der mitten im Satz abbrach: »und – jetzt kommt sie, die Pointe aller Pointen, die der Herr mir wirklich im Schlaf verliehen hat: die Pointe aller Pointen für die es«. Mit dieser Formulierung endete die Seite 633, und wer sie umschlug, der erhielt folgende Information: »Franz Rosenzweig starb am zehnten Dezember Neunzehnhundertneunundzwanzig nachts zwei Uhr.« Suggestiver konnte die Teilnahme am Denk-, Lebens- und Leidensweg nicht arrangiert werden: Bis zur letzten Minute wurde der Leser Zeuge eines Lebens, das nach Meinung seiner Anhänger die Zeit in Gedanken fasste und ihr so die Antworten geben konnte.

Nicht minder dramatisch war, was die Herausgeber auf den Tod Rosenzweigs folgen ließen: der Briefwechsel mit Eugen Rosenstock-Huessy aus dem Jahre 1916 unter dem Titel *Judentum und Christentum*. Damit wurde, mit einer Einleitung Rosenstocks versehen, das Ringen Rosenzweigs für das Judentum und gleichzeitig die Möglichkeit des »agree to disagree« in zunehmend mörderischen Zeiten dokumentiert – angesichts des am 15. September 1935 beschlossenen rassenideologischen »Reichsbürgergesetzes« und des »Gesetzes zum Schutze des deutschen Blutes und der deutschen Ehre«, der so genannten »Nürnberger Gesetze«, im Maßnahmen- und Normenstaat Deutschland ein wahrhaft utopisches Ansinnen.

War diese Anordnung schon Rezeption? Natürlich nicht im konventionellen Sinne, dass jede schriftlich niedergelegte Bemerkung schon Rezeption sei. Gleichwohl war sie das in einem ganz wesentlichen Sinne, weil das Buch strengen, exakt gesetzten Kompositionsprinzipien gehorchte. Der Waschzettel legte diese Inszenierung nochmals auf komprimierte Weise frei. Der Weg für die eigentliche Rezeption war damit geebnet und bereits abgesteckt. Nach der vorgenommenen Inszenierung konnte Rosenzweig gar nicht anders denn als Zeitdiagnostiker und Märtyrer verstanden werden.

Wichtig für die Kritiker war zuallererst die Tatsache, dass es 543 Briefe *von* Rosenzweig gab. Er war in den

Briefen lebendig, weil er sich in ihnen kommunikativer geben konnte als in Aufsätzen, Bemerkungen und Rezensionen. Die *Bayerische Israelitische Gemeindezeitung* brachte am 15. Juni 1935 Auszüge, um die Bedeutung des Zeugnisses hervorzuheben.

Wie haben die zeitgenössischen Rezensenten diesen Briefband gelesen? Der für seine Nüchternheit berühmte Ideenhistoriker Isaak Heinemann verließ in der von ihm herausgegebenen *Monatsschrift* angesichts der Rosenzweig-Briefe seine sonstige Linie des trockenen Referats und ebensolcher Urteile. Der Kenner der antiken und mittelalterlichen Geistesgeschichte sprach nicht nur von seiner Ergriffenheit, sondern verstieß gezielt gegen die Regel, die Zeitebenen nicht zu vermischen. Dass der beobachtete »unerschütterliche Einspruch gegen alle Scheinlösung« Rosenzweigs einen »tiefen Einblick in die Problematik unserer heutigen jüdischen Existenz« gewähren konnte, war weitgehend eine Interpretation, die aber als Faktum präsentiert wurde. Sollte mit den Briefen nach Maimonides' und Nachman Krochmals Werk ein dritter »Führer für die Schwankenden« erschienen sein? Heinemann war sich, auch wenn er die Autoritäten nicht aufrief, dessen sicher. Rosenzweig erhielt prophetische Fähigkeiten zugeschrieben, die eine weitere hermeneutische Regel außer Kraft setzten: Heinemann sprach in einem Atemzug für sich und die jüdischen Leser und folgte gleichzeitig der Prämisse des Werbetextes, wonach erst das Jüdische, dann das Europäische bzw. Deutsche akzentuiert wurde. Die Briefe wurden damit zu einer authentischen Quelle für das Geschehene, vor dem Geschehen.

Ignaz Maybaum, von dem später noch ausführlich die Rede sein wird, folgte im *Morgen* einem anderen Narrativ. Sein sieben Seiten langer Essay war tatsächlich eine in höchsten Tönen gehaltene Eloge auf das in dem Briefband Dokumentierte, nämlich eine »lebendigst gesehene Zeitgeschichte des deutschen Judentums« zwischen 1904 und 1929. Der Text war in einem religiösen Vokabular gehalten, die möglichen Kriterien des Historikers von Beginn an in einer identifikatorischen Sprache. An Maybaums Intention konnte kein Zweifel bestehen, wenn er angesichts von Rosenzweigs Leben und Wirken den Segensspruch paraphrasierte, wonach Gott Dank dafür zu zollen ist, dass er große Männer für Israel erschuf. Und hier, nach der Anrufung des Höchsten, drängte der Interpret auf das Ganze, das keine bloßen Einzelheiten duldete. Dieses Ganze schien ihm lebendig und nicht mehr als fünf Jahre zuvor zu Ende gegangen. Rosenzweigs Leben und Werk seien ein sich allen rationalen Erklärungen entziehendes Gleichnis gewesen, das Vorbildfunktion für das deutsche Judentum habe. Ein großer Mensch, so Maybaum, der sich seiner außerordentlichen Rolle bewusst war.

Mit diesen Zeilen erreichte die Rezeption Rosenzweigs eine neue Dimension. Hatte Heinemann schon den Verstorbenen, sein Werk und die Gegenwart des Jahres 1935 kurzgeschlossen, so ging Maybaum noch weit darüber hinaus. In einem Dreischritt erhielt er durch den Rabbiner die Weihen eines Zaddik oder Heiligen. So wenig die beiden Charakteristika zutrafen, so sehr war die Idee vom Vorbild für das »jüdische Volk als deutsches Judentum« und schließlich vom Tröster und großen Menschen eine religiöse Überhöhung, die kein menschliches Maß mehr hatte. Rosenzweig war über mehrere Jahre von Krankheit gezeichnet gewesen, niemand, der durch Entrechtungen und »Rassegesetze«

seiner Menschlichkeit beraubt worden wäre. Der angekündigte Trost wurde von einem neuen Mythos gespendet.

Der Ton und die gewählten Metaphern mussten den aufmerksamen Beobachter verwundern. Noch 1925 hatte Maybaum in einem umfangreichen Zeitungsartikel mit deutlichen Worten Rosenzweigs vermeintliche Nähe zur Orthodoxie kritisiert. »Die religiöse Sehnsucht des Zeitalters verlangt andere Antworten«, schrieb er zehn Jahre zuvor dem jetzigen Helden ins Stammbuch. Doch 1935 galt es andere Positionen einzunehmen, die das Judentum, in dessen Mittelpunkt die Ideenwelt Rosenzweig waltete, stärken sollten. Dazu gehörte nach Maybaums Auffassung eine Annäherung des liberalen Judentums an das Gesetz – nicht zuletzt, um es zu aktualisieren.

Zunächst feierte er mit Rosenzweig die Zentralstellung des Gesetzes, dabei die eigenen und vor allem Rosenzweigs Vorbehalte gegen eine solche Sichtweise komplett ignorierend. Es ging Maybaum um eine neue Synthese, die er mit Hilfe Rosenzweigs herstellen wollte. Die beiden Pole »liberales Judentum« und »Rosenzweig« sollten in einem erneuerten, gesetzestreuen deutschen Judentum zusammenfinden. Dieses Konstrukt böte die Möglichkeit, mit den beiden monotheistischen »Kindern« des Judentums in ein authentisches Gespräch zu kommen. Lange bevor die Äußerungen Rosenzweigs zum Islam zusammengefasst wurden, erkannte Maybaum deren mögliche Bedeutung. Und bei aller Sprunghaftigkeit der Argumentation erheischte die These, dass Rosenzweigs Ideen und Oswald Spenglers Ausführungen im *Untergang des Abendlandes* nicht nur strukturell, sondern auch inhaltlich Ähnlichkeiten aufwiesen, Beachtung. Doch Maybaum bot den Lesern an solchen Stellen keine Erklärungen sondern Aperçus, die die Frage »Was hat Rosenzweig denn genau gesagt?« nur noch mehr provozierten. Doch statt dieser Frage entgegenzukommen, endete Maybaum mit einem Zitat aus dem *Stern der Erlösung*, das bereits bei Rosenzweig keine Erläuterung gefunden hatte: »Die liberale Grundlage der Emanzipation ist heute geschwunden. Rosenzweig sah noch eine andere: er sah die Judenemanzipation als großes Datum der Kirchengeschichte.«

Maybaums Fazit enthielt eine direkte Anspielung auf Wieners Buch, doch dessen bereits 1933 gefälltem Urteil vom endgültigen Abschluss der Emanzipationsepoche wurde hier zugunsten einer fragwürdigen Idee widersprochen. Ausgerechnet ein Datum der Kirchengeschichte sollte die Judenemanzipation sein? War die enigmatische Formel eine Antwort auf die von Altmann betriebene »jüdische Theologie«, die Halachah, Offenbarung und Volk zusammendenken wollte – und dabei gerade gegen die Idee der Kirche als sichtbarmachende Institution sich wandte? Die Fragen mussten offen bleiben, aber wie sich später zeigte, war die Besprechung nur ein erster Schritt Maybaums zu einer umfassenderen, noch weitaus mehr auf eine Diagnose der Gegenwart hinauslaufende Analyse von Rosenzweigs Nachleben.

## Das Jahr 1936

Ebenfalls im Schocken-Verlag stellte Martin Buber 1936 Texte zusammen, die in Zusammenhang mit dem Übersetzungsvorhaben der *Schrift* standen. Sechs Aufsätze –

»Die Einheit der Bibel«, »Die Schrift und das Wort«, »Die Schrift und Luther«, »Unmittelbare Einwirkung der hebräischen Bibel auf Goethes Sprache«, »Der Ewige« und »Das Formgeheimnis der biblischen Erzählungen« sowie ausgewählte Briefe, die teilweise in der Edition keine Berücksichtigung gefunden hatten, machten den Anteil Rosenzweigs an dem Band aus. Die Textsammlung fand, anders als der im gleichen Jahr erschienene Band XIV der *Schrift*, die »Verdeutschung« der Psalmen unter dem Titel *Buch der Preisungen*, kaum Beachtung. Doch für die Rezeptionsgeschichte spielte sie eine Rolle. Buber und Rosenzweig hatten am Beginn ihrer Zusammenarbeit immer wieder über ihren Status gegenüber dem Übersetzungsprojekt diskutiert. Letzterer bezeichnete sich dabei als Muse, die den Textautor anrege, korrigiere, ihm zur Seite stehe. Von 1925 an legten sie einander nicht nur die Übertragungen vor, sondern entwickelten im Laufe der Jahre eine eigene Form der Auseinandersetzung, die auch, aber nicht nur, Rosenzweigs Gesundheitszustand geschuldet war. Schriftliche und mündliche Diskussionen lösten einander ab, nicht zuletzt um die intellektuellen Energien direkt in das Projekt zu leiten. Es war nach der 1929 endenden Geschichte nur natürlich, dass Rosenzweig postum in ein Buch aufgenommen wurde, das die Programmatik der Verdeutschung offen legte, indem ein Messen mit anderen Übertragungsversuchen stattfand und apologetische und exegetische Arbeiten vereint wurden. Dennoch ist das Wie dieser Zusammenstellung das Entscheidende. Buber druckte zunächst Teile aus einem Vortragszyklus des Jahres 1926 ab, der unter dem Titel »Der Mensch von heute und die jüdische Bibel« abgehalten worden war. Dabei ging es um die vorder- und hintergründige Not, in der sich der moderne Mensch befinde und die ihn zur Bibel zurückbringen könne. Doch das durfte nicht als äußerliche Aufforderung im Sinne einer »Rückkehr zur Bibel« verstanden werden, sondern, nach Buber, als Aufruf, die »Wiederaufnahme bibelechten Einheitslebens« zu üben.

Allerdings blieben die Bemerkungen hierzu vordergründig und plakativ, zumal Buber mit der Anthologie eine andere Intention verfolgte. Es sollte ausdrücklich kein Trostbuch sein, sondern einstehen für eine andere Form der Selbstbehauptung: qua wissenschaftlicher Gediegenheit und Souveränität den jüdischen Eigensinn herauszustellen. Bubers Erinnerungsarbeit für Rosenzweig wurde von dem Qualitätsanspruch getragen, mit der beide ihre Arbeit an der *Schrift* versehen hatten. Mitten in der Fortsetzung des Projektes stehend, zogen die theoretischen Texte Bilanz. Nicht wenige von ihnen trugen die Spuren von Kämpfen der zwanziger Jahre, als eine breite Rezeption die beiden Bearbeiter immer wieder anspornte und sie sich mühten, ihre Absichten deutlicher und präziser zu artikulieren. Neben den üblichen zeitbedingten Formulierungen legte Buber mit dem Band eine einzigartige Selbstkommentierung und Selbstvergewisserung im Umgang mit der *Schrift* vor. Gerade in diesem Band war Rosenzweig nicht der stilisierte Solitär, sondern Teil eines Ganzen – darin unabhängig und gleichzeitig kooperativ erscheinend.

## Letzte Momente der Rosenzweig-Rezeption

Zusammen mit den weiterhin greifbaren Büchern zu Hegel und Jehuda Halevi, den Briefen und dem 1930 in der von Rosenzweig beabsichtigten dreiteiligen Variante neu aufgelegten *Stern der Erlösung* bildete sich so allmählich eine Werkausgabe heraus. Der Schocken-Verlag mit seinem im Berlin lebenden Lektor Moritz Spitzer trieb diese Idee jedenfalls voran. Das sichtbare Ergebnis war 1937 der fünfhunderteinundfünfzig Seiten starke Band *Kleinere Schriften*. Schon die Tatsache, dass diese Sammlung in der gleichen Aufmachung wie der Briefband erschien, deutete auf eine entstehende umfängliche Edition hin. Nicht nur das: Mit dem Erscheinen der *Kleineren Schriften* wurde ein alter Wunsch Rosenzweigs nachträglich erfüllt. In einem Brief vom 11. März 1925 an Hans Ehrenberg hatte er die Idee einer Zusammenstellung unter dem dann auch gewählten Titel mitgeteilt. Ausdrücklich wollte er die Veröffentlichungen vor seinen Publikationen zu Hegel nicht in dem Band abgedruckt wissen: »Älteres Ungedrucktes nicht; denn es sind zwar sehr gute Sachen dabei, aber man kann sie nicht drucken [...] Das muß erst historisch werden, ehe es wieder genießbar wird.« Ohne sich auf den inzwischen ja veröffentlichten Brief selbst zu beziehen, waren die Herausgeber diesem alten Plan bis ins Detail gefolgt.

Die Anordnung und Auswahl sollte natürlich ein bestimmtes Bild erzeugen helfen: Rosenzweig war sich zeit seines Nachdenkens der Bedeutung der Bibel bewusst. Er suchte offensiv die Auseinandersetzung mit Luther und unternahm es, den Gesamtcharakter der *Schrift* zu bestimmen, wenn er über das »Formgeheimnis der biblischen Erzählungen« handelte. Wissenschaftliche Dignität, Treue zum Analysierten und die Herausstellung der intellektuellen Selbstständigkeit waren die Eigenschaften, die der Band unterstreichen sollte.

Noch klarer wurde die Idee, Rosenzweig als solitäre Erscheinung zu präsentieren, in dem mit »Vom alten zum neuen Denken« überschriebenen Abschnitt. Von der Mitteilung des »ältesten Systemprogramms des deutschen Idealismus« (1917) bis hin zum Aufsatz über »Das neue Denken« (1925) konnte der Leser das Herauswinden aus der klassischen deutschen Ideengeschichte und, über die Beschäftigung mit Hermann Cohen, das Eintreten in die jüdische Geistesgeschichte nachvollziehen. Gerade im »neuen Denken«, wo Rosenzweigs Selbstdeutung am weitesten ging, in dem er seinen *Stern* zusammenfasste, nannte er sein Hauptwerk ein »jüdisches Buch«.

Doch trotz der in den *Kleineren Schriften* gesetzten Schwerpunkte blieb Resonanz in Deutschland weitgehend aus. Einzig Isaak Heinemann lieferte in der *Monatsschrift* eine 16-zeilige Annotation, mehr nicht. Ein deutlicheres Zeichen, dass es keinen Raum mehr für diese Schriften gab, war kaum denkbar. Die Äußerungsmöglichkeiten waren stark eingeschränkt, die Leserschaft war emigriert oder hatte resigniert. Die Ausstattung – der Titel »Kleinere Schriften« ist in goldenen Lettern gesetzt – stand im umgekehrten Verhältnis zur Lage der deutschen Juden. Die fehlende Rezeption an dieser Stelle legte den Vergleich mit der Messung des Herztones bei einem Sterbenden nahe. Die Anzeige Heinemannes wirkte wie ein letzter Ausschlag auf der Wahrnehmungsskala. Dass am 26. Dezember 1936, einem Schabbat, im Jerusalemer Haus des Schocken-Verlages ein glanzvoller Abend zu Ehren von Rosenzweigs fünfzigstem Geburtstag stattfand, bei dem die gesamte Elite des Landes anwesend war und über den die *Jüdische Rundschau* ausführlich berichtete, dokumentierte eindrücklicher als alles andere, dass ein jüdisches Leben nur noch außerhalb Deutschlands geführt werden konnte – auch im Namen Franz Rosenzweigs.

## Der Vermittler Ignaz Maybaum

Die Energie, mit der die Werke Rosenzweigs nach 1933 ediert und präsentiert wurden, war einzigartig in dieser Zeit. Kein anderer Autor erhielt ähnliche Aufmerksamkeit, keiner hatte eine vergleichbare Resonanz. Doch das Bild seines Nachlebens wäre allenfalls zur Hälfte gezeichnet, wenn nicht die Art und Weise betrachtet würde, wie er in den Debatten nach 1933 analysiert, eingesetzt und funktionalisiert und instrumentalisiert wurde. Nicht nur wegen der Fülle der Texte zu Rosenzweig ist auch hier die Konzentration auf einige wenige Aspekte vonnöten. Seinerzeit, in den Richtungskämpfen des deutschen Judentums, gab es in den jüdischen Zeitungen und Zeitschriften kaum eine Stellungnahme, die nicht auf Rosenzweig als Zeugen rekurriert hätte. Doch solche tagespolitischen Auseinandersetzungen fördern keine Argumente zutage.

Die wichtigste Gestalt in der Rosenzweig-Rezeption der Zeit bis 1938 war der bereits erwähnte Ignaz Maybaum. Der 1897 in Wien geborene und 1976 in London gestorbene Maybaum gehörte in der Weimarer Republik zunächst zu den Studenten des orthodoxen Hildesheimer-Seminars und wechselte dann zur »Hochschule für die Wissenschaft des Judentums« auf die andere Seite der Berliner Artilleriestraße. Bis zur nationalsozialistischen »Machtergreifung« gehörte er zu den bedeutenden liberalen Rabbinern, die also nicht nur aufgrund ihres traditionellen Familienhintergrundes genaue Kenntnisse der orthodoxen Sicht im Judentum hatten. Wie nicht wenige andere wandte er sich von seinen liberalen Anschauungen ab, da er mit dem Zusammenbruch der ersten deutschen Demokratie auch die Grundlagen für ein liberal-universalistisch ausgerichtetes Judentum vernichtet sah. Dessen Programmatik, wie sie beispielhaft in dem dreibändigen, vom »Verband der deutschen Juden« herausgegebenen Werk *Die Lehren des Judentums nach den Quellen* dokumentiert wurde, hatte für ihn keine identitätsstiftende Perspektive mehr im nunmehr nationalsozialistischen Deutschland. Im Unterschied zu den meisten seiner früheren liberalen Kollegen wandte er sich ausdrücklich Franz Rosenzweig zu, dessen dezidierter Kritiker er in den zwanziger Jahren gewesen war.

Zunächst verwendete auch Maybaum die hinlänglich bekannten Topoi der Rosenzweig-Verehrung: Das später philosophisch und theologisch untermauerte Erleben, die Konversion abzulehnen und gerade dadurch den Blick auf die weitgehend verdeckt gebliebene Substanz des Judentums zu eröffnen, konnte der Zeitgenosse auch bei Maybaum lesen. Ein Beispiel für seine Art der religiösen Überformung und Mythisierung führten wir bereits an. Weitere Texte, so etwa in einem weiteren Aufsatz für den *Morgen*, in dem er eine Passage aus dem *Stern* kommentierte, wiederholen das dort Gesagte.

Der Rückgriff auf die Zeit der Emanzipation war für Maybaum nicht länger hinreichend für das Verständnis der Gegenwart, und so musste eine neue Legitimationserzählung gefunden werden, die es erlaubte, einen dezidiert jüdischen Standpunkt in dem zunehmend schärfer werdenden und mit immer mehr eliminatorischen Elementen angereicherten Ausgrenzungsprozess einzunehmen. Die diesbezüglich von Maybaum vorgeschlagene Epoche war die griechische Antike, der er eine Nähe zu den Ideen des Judentums zuschrieb. Das war natürlich eine Fiktion und nur dem verständlich, der Rosenzweigs Idee im Hinterkopf hatte, das Denken von »Ionien bis Jena« umstürzen zu wollen. Maybaums Held aber war trotz des zitierten Statements selbst »Grieche«– einer wie es Hölderlin und Heidegger waren. Maybaum sah sich durch Rosenzweig legitimiert, ein gläubiger Judengrieche bleiben zu dürfen, der also offensichtlich weiterhin auf die Kraft der Synthese vertraute.

Doch es wäre selbst naiv, Maybaum Naivität zu unterstellen. Schon früh hatte dieser seine Interventionen als politische Aktionen begriffen. Als einer der wenigen jüdischen Theologen, die sich direkt mit den nichtjüdischen Debatten beschäftigten, setzte er sich etwa mit dem Diskussionsumfeld der »Politischen Theologie« auseinander. Da aber Carl Schmitt einem gebildeten Theologen wenig zu sagen hatte, nahm sich Maybaum 1932 in einer ausführlichen Besprechung Alfred de Quervains Buch *Die theologischen Voraussetzungen der Politik* vor. Ohne Vermittlungsschritte übertrug er die Konklusion seiner Lektüre und beschied, dass religiöses Judentum weder orthodox sei, noch mit den grundsätzlich anerkennenswerten Ansichten des Humanismus übereinstimmen könne. Zeuge für den angepeilten dritten Weg, der durch de Quervains Analyse nur noch mehr Dringlichkeit erhalten habe, sei Rosenzweig. »In Franz Rosenzweig haben wir heute einen Juden, der bei gleichem Verständnis für die jüdische

Humanität doch ausspricht, daß eben diese ›jüdische Humanität‹ als jüdisch-religiöses Bekenntnis nicht auftreten kann.« Die Zeilen wurden drei Jahre nach Rosenzweigs Tod veröffentlicht, und doch ließ ihn Maybaum in ungebrochener Gegenwart leben.

Die nächsten Jahre wurde Rosenzweig immer mehr der Führer durch die Zeiten. Im Jahr 1935 legte Maybaum in geschlossener Form seine Position zu Rosenzweig in dem Buch *Parteibefreites Judentum* vor, dem er bereits ein Jahr später *Neue Jugend und alter Glaube* folgen ließ. Vor allem die »Einleitung« zu *Parteibefreites Judentum* bekundete die enge Bindung an Rosenzweig. Sie erklärte den Verstorbenen zum Ghostwriter, der zwischen den Zeilen den Duktus und Inhalt des Buches bestimmt habe. Mehr noch: Die einzige Messlatte für jeden künftigen »Wortführer des Judentums« sei Rosenzweig, dem die »Führung« in die Zukunft anzuvertrauen wäre. Ziel des Vorhabens war eine authentische Stellungnahme zur Situation der Zeit aus dem Geiste Rosenzweigs. Was das hieß, wurde bereits durch den Aufbau des Buches bezeugt.

Im Rahmen einer Analyse wichtiger traditioneller Begriffe, die kapitelweise vorgestellt wurden (»Der Chawer«, »Der Rabbiner«, »Der jüdische Gottesdienst«, »Haggada und Halacha«, »Raum und Grenze der Diaspora« und »Das Chanukka-Wunder«), suchte Maybaum immer wieder den Bezug zu Rosenzweig herzustellen, ohne dabei Belege angeben zu können, da sich der Referenzautor kaum mit den aufgeführten Fragen auseinandergesetzt hatte. Erstaunlicher aber war ein anderes Faktum, nämlich dass der Essay sich weder an Rosenzweigs Nähe zu den »Krisis«-Diskursen der Zwanziger anlehnte, noch an sonstige Niedergangsprognosen anschloss, um von dort aus einen Umschwung zu fordern. Das war umso überraschender, als Rosenzweig keinerlei konkrete Anleitungen hinterlassen hatte, die die praktische Arbeit unter Repressionsbedingungen hätte fördern können. Die Attraktivität des *Stern* und anderer Texte lag doch gerade darin, dass, wie die Reaktion etwa Scholems zeigte, die Polaritäten zwischen Liberal und Orthodox überwunden wurden, weil sie die den Zusammenhang zwischen der jeweiligen Gegenwart und dem Judentum auflösten. Manifest wurde das Neue an der Art des Umganges mit der Tradition, die Rosenzweig konsequent historisierte und damit als etwas Formbares begriff, das situativ zu benutzen war. Diese Gedankenbewegung entsprach jenen dezidiert prophetisch auftretenden »Krisis«-Diagnostikern, die, im Bewusstsein an einer Zeitenschwelle zu stehen, was sie als Tradition ausmachten in teleologische Modelle überführten, um ihren Zukunftsvorstellungen die Würde historischer Reflexion zu geben.

Maybaum distanzierte sich nicht von diesem Rosenzweigschen Erbe, sondern verfolgte eine andere Linie seines Helden. Der »dritte Weg« wurde inhaltlich gefüllt, insofern er dem deutschen Judentum eine spezifische Tradition verschaffen sollte. Diese Tradition lag der Gemeinde immer schon selbst zugrunde. Das deutsche Judentum verkörperte demnach von Beginn an eine eigenständige Antwort auf die historische Entwicklung von Liberalismus und Orthodoxie. Es habe sich selbst als Gemeinschaft – die Maybaum bewusst mit der ältesten gemeinschaftlichen Bezeichnung *Kehilla Kodescha* (Heilige Gemeinde) belegte – verstanden und auf diese Weise seine Eigenart behalten. Gleichzeitig ergab sich aus dieser Rolle die Verpflichtung, die allgemeine Tradition des Judentums auf seine spezifischen Bedingungen hin auszurichten.

Hier nun begannen sich die Diskurse zu überschneiden: Alexander Altmanns Projekt einer »jüdischen Theologie« wie auch die Debatte zwischen Leo Strauss und Julius Guttmann hatten im Zentrum die Frage »Wie hältst Du's mit der Zentralstellung von Gesetz und Offenbarung?«. Maybaum verfolgte die Auseinandersetzungen sehr genau, und so war es nur eine natürliche Folge der eigenen Überlegungen und der innerjüdischen Herausforderungen, eine eigenständige Antwort vorzulegen. Anhand des Verhältnisses von Haggadah und Halachah suchte er auch hier der Idee des »dritten Weges« treu zu bleiben.

»Diese geistige Welt: die Haggada, die Aussage über die jüdische Existenz, und die Halacha, der der jüdischen Existenz gemäß erkannte und daher geforderte Wandel, ist die Tora.« Vor dieser Formel hatte Maybaum eine längere Hinleitung zu ihr verfasst, in der auch die Aussagen zum Gesetz aus dem umfangreichen Brief Rosenzweigs an Rudolf Hallo vom 27. März 1922 angeführt wurden. »Das Judentum *ist nicht* Gesetz. Es schafft Gesetz. Aber es *ist* es *nicht*. Es ist Jude*sein*.« An dieser Behauptung knüpfte Maybaum an, in dem er die Halachah als vom Menschen abhängig beschrieb. Diese Sicht sei, so der Interpret, ganz einer geschichtsphilosophischen Einstellung gegenüber dem Judentum verpflichtet. Gerade darin zeige sich Rosenzweigs Haltung: Er sei liberaler Jude. Doch Maybaum fand noch weitere Zuschreibungen für seinen Helden. Dass Rosenzweig etwa ein Anhänger Descartes' und Kants gewesen sei, – es dürfte auch den Zeitgenossen verborgen geblieben sein. Das heißt nicht, dass es vor allem in seinem Hauptwerk *Der Stern der Erlösung* – nicht selten vermittelt über Hermann Cohen – zumindest zu Kant eine Menge zu entdecken gäbe. Dass der mit revolutionärem Gestus angetretene Rosenzweig ausgerechnet die erkenntnistheoretischen Wenden der beiden Begründer der modernen Philosophie mitgemacht haben sollte, war leicht ersichtlich ein Versuch, den Religionsphilosophen mit weiteren ihn aus der Zeit heraushebenden Eigenschaften zu versehen.

Doch das ist nur die Oberfläche. Die skeptische Verbindung Rosenzweigs mit den beiden Lichtgestalten der »zahmen Aufklärung« – ein deutlicher Abgrenzungsversuch zu Strauss' radikaler Aufklärung Spinozas – stand am Ende einer längeren Argumentationskette. In deren Zentrum befand sich der Mensch als das entscheidende Regulativ alles Gegebenen. Mit Hilfe von Rosenzweigs Umkehrung des Verhältnisses von Halachah und Mensch wurde Letzterer Teil des kontingenten geschichtlichen Prozesses, der dann, um in dem Malstrom Halt zu finden, das Gesetz achtete. Ergänzt wurde das Gesetz in dieser Auslegung durch die erzählende Haggadah, in der sich für Maybaum die »jüdische Existenz« spiegelte. Die Aussage »Rosenzweig ist liberaler Jude« hatte, obwohl in eine syllogistische Kasuistik eingesponnen, Aneignungscharakter. Denn dass Rosenzweig liberaler Jude gewesen sei, konnte nur der behaupten, der die Position selbst schon verlassen hatte. Das Epitheton »liberal« musste überraschen, hatten doch die Zeitgenossen Maybaums Weg mit Rosenzweig zu neuen Ufern seit den frühen dreißiger Jahren verfolgen können. Doch das *Parteibefreite Judentum* lieferte auch dem genauen Leser keinerlei Gründe für den Syntheseversuch von Halachah und Haggadah, Mensch und Geschichte, Liberalismus und Rosenzweig. Die Relata standen, anders als im Falle von Altmanns »jüdischer Theologie«, zunächst in thetischer Setzung beziehungslos nebeneinander.

Statt Verbindungen zwischen den tragenden Elementen des angestrebten Mittelweges herzustellen, wurden hier lediglich Genealogien geschichtsphilosophisch ausgedeutet. Unverhüllt ging es dabei aber immer um zwei Ziele: den Nachweis, dass Rosenzweig die Drehscheibe aller für die Zeit nach 1933 geltenden Aussagen für die neue deutsche jüdische Gemeinschaft war, und gleichzeitig wehrte Maybaum Versuche ab, das Judentum durch die Reanimierung vergangener Zeiten zu stilisieren. Dazu mobilisierte er eine moderne Ahnenreihe, die von Moses Mendelssohn bis hin zu Julius Guttmann reichte und die ein nachmetaphysisches Zeitalter verkörperte. Anders ausgedrückt: Sie alle waren für Maybaum Religionsphilosophen. Die deutliche Absage an das Mittelalter galt vor allem Leo Strauss, dem hier zwischen den Zeilen Weltflucht vorgeworfen wurde. Es schien Maybaum im wahrsten Sinne des Wortes weit hergeholt, dass ausgerechnet ein *renouveau médiéval* die Probleme der Gegenwart genauer fassen lassen solle.

Wichtiger als dieser deutliche Seitenhieb war die Zusammenstellung der Personengruppe. Die Reihung widersprach den geltenden Regeln der Trennung von Orthodoxie und Liberalismus, denn Erstere hätte sicherlich an Hirsch festhalten wollen und Letzterer Steinheim als zu reformerisch empfunden. Warum Guttmann, der sich noch 1937 in Jerusalem guter Gesundheit erfreute, Teil einer vergangenen religionsphilosophischen Arbeit war, wurde nicht erläutert. Schwankte Maybaum etwa unterwegs hin zu einem dritten Weg trotz des Cicerone Rosenzweig?

Es war Alexander Altmann, der die wackeligen Syntheseversuche Maybaums scharf und kompromisslos in den Blick nahm.

## Alexander Altmanns Kritik

Am 3. September 1937 veröffentlichte die *Jüdische Rundschau* eine ausführliche Kritik Altmanns, die nicht nur wegen ihrer Stellungnahme zu Maybaum beachtlich war und ist, sondern gleichzeitig das letzte Dokument der Rosenzweig-Rezeption vor dem 9. November 1938 und damit dem Beginn der versuchten Vernichtung des europäischen Judentums.

Zwei Hauptverfehlungen erkannte Altmann in Maybaums Überlegungen: eine nicht bis in die letzten Reflexionen und vor allem Geheimnisse eindringende Lektüre Rosenzweigs und, damit direkt zusammenhängend, eine Falschinterpretation des *Schulchan Aruch* und schließlich, daraus folgend, eine Verkennung der Orthodoxie. Was hieß das? Altmann und Maybaum vertraten zwei mögliche Sichtweisen auf etwas, das im Judentum essenziell und von zentraler Bedeutung ist. In den Bemühungen, die Funktion und den Stellenwert von Halachah und Haggadah anzugeben, wiederholten sie einen alten Streit, sowohl was die inhaltliche Festlegung der beiden Kernelemente anging als auch was deren Beziehung zueinander betraf. Dass einerseits die die Normen und Pflichten betreffende Seite (Halachah) den restlichen Schriften (Haggadah) gegenüberstand und sich auf diese Weise eine Rangordnung ergab – diese Vorstellung musste nicht erst durch moderne Methoden flexibler gemacht, relativiert oder gar als falsch ausgewiesen werden. Wobei die Debatten, überblickt man sie grob, in der Regel von Seiten der haggadischen Literatur aus geführt wurden. Maybaum legitimierte seine Lesart denn auch nicht aufgrund methodischer oder theologischer Überlegungen, sondern aus dem eigenen Empfinden heraus, aus der Kenntnis der Schriften und unter bestätigender Herbeiziehung von Rosenzweigs Äußerungen zu dem Komplex. In Letzteren glaubte er eine Art Mischverhältnis von Halachah und Haggadah entdecken zu können, das nicht die Differenzen und Aufgaben der beiden Systeme außer Acht lässt, gleichwohl aber den Zweck verfolgte, dass nur mittels der Auflösung der strengen Hierarchie und deren Ersetzung durch ein korrelatives Verhältnis das Gesamtbild des maßgeblichen Schrifttums offen gelegt werden könne. Dass hier der geschichtliche Mensch, zu dem sich alles relativ zu verhalten hatte, wiederkehrte, verwunderte kaum.

Genau an dieser Stelle intervenierte Altmann. Die Zugeständnisse, etwa was die Rolle der Haggadah betraf, konnte er anerkennen, doch das Grundübel des Liberalismus, die Missachtung oder im Falle Maybaums: die Fehleinschätzung des Gesetzes, ließen jeden Gedanken an einen dritten Weg in sich zusammenbrechen. Altmanns Rosenzweig endete genau an den von Maybaum aus dem *Stern* zitierten Stellen. Gleichzeitig bedurfte der gesetzestreue Rabbiner keiner Erinnerung an die Notwendigkeit einer Erneuerung des Judentums, schließlich betrieb er sie seit 1933 mittels der Idee der »jüdischen Theologie« selbst. Sein quasi orthodoxer Standpunkt erlaubte es ihm im Gegenteil, aus der Fülle der Gewissheit und Sicherheit der eigenen Tradition den Bemühungen Maybaums eine Annäherung an die halachische Sichtweise des Judentums zuzugestehen – aber eben doch nicht mehr. Altman konnte verharren, bis sich die anderen auf den Weg der orthodoxen Erkenntnis machten; er war immer schon dort, wo alle hin mussten. Das zeigte sich besonders in den Hinweisen zu Franz Rosenzweig, die er, wie alle Teilnehmer an der Rosenzweig-Rezeption, nicht glaubte belegen zu müssen.

Für ihn gab es gerade bei Rosenzweig nicht die angemahnte Synthese, sondern eine aus der Analyse des Geschehens von »Ionien bis Jena« erfolgende Klärung des Verhältnisses der drei monotheistischen Religionen und der Möglichkeit, ein Judesein innerhalb des »neuen Denkens« zu leben. Aber genau an dieser Stelle machte der Rabbiner ein Problem aus.

Altmann war von der Bedeutung Rosenzweigs überzeugt, da er für eine Bewusstwerdung der verloren gegangenen Religiosität und mehr noch: einen ausgearbeiteten Weg zum Judentum stand. Doch bei ihm tat sich ein Abgrund zu Rosenzweig auf, der in der Besprechung Maybaums mit Hilfe allgemeiner Bemerkungen überdeckt wurde. Rosenzweigs Zurückhaltung gegenüber der Halachah war für Altmann nicht akzeptabel. Und so blieb ihm nichts anderes übrig, als Maybaums Umdeutung als oberflächlich abzutun *und* gleichzeitig eine eigene Deutung zu unterlassen. Denn diese würde, das zeigte ja schon die sachte Andeutung, sofort in Konflikt mit dem Beharren auf dem *Schulchan Aruch* führen. Der Hinweis Maybaums, dass die Halachah ein variationsreiches, historischen Wandlungsprozessen sich freiwillig unterwerfendes Korpus sei, musste von ihm scharf zurückgewiesen werden, handelte es sich beim *Schulchan Aruch* doch um die zentrale Stütze der für ihn einzig rettenden, jüdischen – das heißt traditionellen – Lebensweise.

Doch Altmann ordnete seine Überlegungen nicht nur ex negativo mittels Rosenzweig und der Betonung der Zentralstellung der Halachah an, sondern ebenso mit Hilfe einer Verschärfung der bisherigen Position gegenüber dem, was er Mystik nannte. Wollte er zuvor den objektiven Gehalt der Mystik ausmachen, so etwa in einem umfassenden Aufsatz über Maimonides' Verhältnis zu dieser, so behauptete er nunmehr, die Halachah könne nur über das Medium der Mystik zur vollständigen Darstellung überhaupt kommen.

Positiv reaktivierte Altmann auf diese Weise – wie es zur gleichen Zeit auf ihren Feldern Hans Jonas, Gershom Scholem und Leo Strauss taten – Texte und Argumentationsstrategien, die zwar in keiner Weise vergessen waren, die aber nicht länger, so die Ansicht dieser Autoren, aus sich selbst und der in ihnen gespeicherten Tradition heraus begriffen wurden. Damit wurde der Linie Hermann Cohens eine klare Absage erteilt. Vor allem in seinem letzten Werk *Religion der Vernunft aus den Quellen des Judentums* hatte dieser einen unüberschreitbaren Trennstrich zwischen Mythos und Judentum gezogen. Der mit den Propheten vollzogene Bruch zwischen Mythos und Ethik bedeutete für Cohen und später Ernst Cassirer noch mehr: eine Überwindung des Mythos, die die Konstituierung des Kulturbewusstseins ermöglichte und gerade dadurch immer gefährdet war. Man könnte die Überlegungen Altmanns und seiner Generationsgenossen durchaus als Gemeinschaftsarbeit verstehen, die diesen letzten Schritt Cohens revidieren wollte.

Ob es aber stimmte, wenn Altmann behauptete, Maybaum bliebe auf der Ebene phänomenologischer Betrachtungen stehen und erreiche nicht die theologische Tiefendimension dessen, worüber er zu sprechen vorgebe, und dies mit Hilfe der Anleihen bei Rosenzweig, kann mit guten Gründen bezweifelt werden. Die Phänomenologie, wie alle anderen philosophischen Reflexionen auch, verbleibt auf der Ebene des Seienden. Doch das war für Altmann, wie sich schon in seiner »jüdischen Theologie« erwies, viel zu wenig.

Die Rezeption Franz Rosenzweigs nach 1933 hatte kein wirklich überraschendes Ergebnis gezeitigt. Wie schon bis zu seinem Tode 1929 galt er lagerübergreifend als charismatische Persönlichkeit. Dazu trugen das Werk selbst, die Vorträge, das Lehrhaus, seine zahlreichen Schüler, der treue Partner Martin Buber und nicht zuletzt die Vakanz der Position des »Führers« des deutschen Judentums bei. Zutiefst geprägt von der Kulturkritik seiner Tage und versehen mit ihren Vorurteilen, machte Rosenzweig die Überwindung seiner Entfremdung gegenüber dem religiösen Judentum zum Maßstab für alle anderen. Weder Liberale noch Orthodoxe konnten hier bestehen, wobei Letztere sich immerhin daran erfreuen konnten, dass einer die Gefährlichkeit der gegenwärtigen religiösen Indifferenz erkannt hatte.

All das fand nach 1933 seine Fortsetzung. Rosenzweig wurde kaum analysiert, sein Denken in erster Linie als Ressource verstanden, mit deren Hilfe die Zeitläufte bewältigt würden. Die mit ihm gestellte Frage »Woran wäre anzuknüpfen?« und die mit ihm gegebenen Antworten führten zu Klarstellungen. Die Ideen der Synthese und der Korrelation wurden aufgegeben zugunsten stärker historischer Größen wie etwa »das Volk«. Auch Maybaum hatte dieses Bild klar vor seine Leser gestellt, Altmann korrigierte es in einem wesentlichen Punkt und stimmte der Notwendigkeit einer Rosenzweig-Renaissance zu. Sie war die letzte Insel, auf die sich die Intellektuellen in den Jahren der Verfolgung zurückziehen konnten; sie bot nach innen den besten Schutzwall gegen den Einbruch der Wirklichkeit. Rosenzweig hatte die ihm zugewiesene Aufgabe erfüllt, und nicht zuletzt diese Inanspruchnahme ließ die Interpreten in Deutschland nach der Shoah für lange Zeit verstummen. Sie wurde überdeckt mit einer historisch bis heute nicht aufgearbeiteten Patina, die gleichwohl zwischen 1933 und 1938 zu überleben half.

## »Die Stunde der jüdischen Philosophie«? Zu Schriften von Fritz Heinemann

Im Juni des Jahres 1935 veröffentlichte Fritz Heinemann in der Zweimonatszeitschrift *Der Morgen* einen Aufsatz mit dem seltsam klingenden Titel »Die Stunde der jüdischen Philosophie«. Es mochte für vieles und verschiedenes die Stunde gekommen sein, – aber was war geschehen, dass »die jüdische Philosophie«, deren Existenz und Möglichkeit seit dem Zusammentreffen von Judentum und griechischer Philosophie immer wieder angezweifelt worden war, ins Zentrum der Aufmerksamkeit hatte rücken können? Der Untertitel »Dem kommenden Philosophen« sorgte endgültig für Verwirrung, denn er schien ausgerechnet Friedrich Nietzsches Schriften entnommen zu sein. Was aber konnte die annoncierte »Stunde der jüdischen Philosophie« 1935 mit dem gemein haben, der längst der Stichwortgeber konservativer Revolutionäre und nunmehr der Nationalsozialisten war, selbst wenn man die intensive jüdische Nietzsche-Rezeption in Rechnung stellte?

Ein Blick in die Abhandlung *Jenseits von Gut und Böse* klärt die Verwunderung zum Teil auf. Tatsächlich enthält ihr »Zweites Hauptstück: der freie Geist« die folgende Frage: »Sind es neue Freunde der ›Wahrheit‹, diese kommenden Philosophen?« Doch was bedeutete die gezielte Abwandlung in dem Untertitel gegenüber Nietzsches Rede von den »kommenden Philosophen«?

Sollte in der »Stunde der jüdischen Philosophie« ein neuer Typus kreiert werden?

Doch bevor nach geistesgeschichtlichen Bezügen von Heinemanns Text gefahndet werden soll, wäre eine andere, dringlichere Frage zu beantworten: Wer war überhaupt Fritz Heinemann? – Der 1889 in Lüneburg Geborene absolvierte ein humanistisches Gymnasium, engagierte sich in der Landvogel-Bewegung und interessierte sich für Philosophie und Mathematik. Die günstigen finanziellen Verhältnisse in seinem jüdischen Elternhaus ermöglichten ein Studium zunächst in Cambridge, das dann in Deutschland abgeschlossen wurde. Von Berlin ging es nach München, dann nach Marburg, wo er bei Hermann Cohen promovierte.

Nach vierjährigem Kriegseinsatz arbeitete Heinemann zunächst als Mathematiklehrer in Berlin und schrieb gleichzeitig seine in Frankfurt eingereichte Habilitationsschrift, die 1921 unter dem Titel *Plotin. Forschungen über die plotinische Frage* erschien und von der österreichischen Akademie der Wissenschaften mit dem renommierten Bonitz-Preis bedacht wurde. Sie galt neben den Editionen und Arbeiten von Emilie Bréhier als wegweisend für die Neuplatonismusforschung der Zeit. Heinemanns Arbeit versuchte Plotins Denken, das nach einer inneren Folgerichtigkeit verlaufen sei, als systematische Entwicklungsgeschichte darzustellen. In der Folgezeit veröffentlichte er vor allem im *Morgen* Artikel, die die Modernität der Denker in den frühen nachchristlichen Jahrhunderten herausstellen sollten. Die Widerlegung der Rede vom dunklen Mittelalter war auch Heinemanns Absicht. Er sah in der Spätantike tatsächlich eine frühe Aufklärung am Werke, ohne jedoch einen umfassenderen Nachweis für die These zu liefern. 1926 publizierte Heinemann den programmatischen Aufsatz »Die Geschichte der Philosophie als Geschichte der Menschen«, der seine Sicht der Philosophiegeschichte von der herrschenden ideengeschichtlichen Methode abgrenzte und eine Art anthropologischer Geschichtsschreibung favorisierte. Doch diese Ansätze mündeten in keine größere Arbeit, und so standen sie als Gelegenheitswerke unverbunden nebeneinander. Im Jahr 1921 allerdings wurde Heinemann der Berliner »Akademie für die Wissenschaft des Judentums« assoziiert, eine Zusammenarbeit, von der die »Akademie«, ohne je konkreter zu werden, sich einiges versprach.

In den Folgejahren, er hatte seit 1925 einen Lehrauftrag für »Antike Philosophie« in Frankfurt, veröffentlichte Heinemann in den wichtigen akademischen Zeitschriften ebenso wie in zahlreichen jüdischen Periodika und den führenden Tageszeitungen, so in der *Frankfurter Zeitung* und im *Berliner Tageblatt*. In ihnen rückte der Zusammenhang von Gegenwartsdeutung und Philosophie immer mehr in den Mittelpunkt seiner Interessen. Er beobachtete aufmerksam, wie sehr sich das Bedürfnis nach philosophischer Zeitdiagnostik und die Bereitschaft der Akademiker, dieser Nachfrage zu entsprechen, einander antrieben. Zahllose Überblicksdarstellungen der Gegenwartsphilosophie, die vorgaben, die Zeit in Gedanken zu fassen, wurden in den zwanziger und dreißiger Jahren publiziert, oftmals aus der Feder prominenter Autoren. Vielfach beanspruchten sie, das relevante Wissen ihrer Zeit darzustellen, und waren unverhohlen ideologisch ausgerichtet. Am bekanntesten wurde die unter dem Titel *Deutsches Leben der Gegenwart* 1922 in Berlin herausgegebene Sammlung des Schriftstellers Philipp

Witkop. Es war Max Scheler, der in dem Band auf über neunzig Seiten seine Sicht auf die philosophischen Bemühungen der Gegenwart offen legte.

Die vielen, den Bereich der Lebensberatung nicht scheuenden Publikationen erlaubten es durchaus, von einer Renaissance der Philosophie in der Weimarer Republik zu sprechen. Nachdem diese Wissenschaft ihr Ansehen in den Weltanschauungskämpfen des Ersten Weltkrieges nahezu komplett verspielt hatte, setzte man in Feuilletons, Zeitschriften und dem neuen Medium Radio erneut auf die Beantwortung letzter Fragen. Das Interesse an der griechischen Weisheitslehre kam nicht von ungefähr. Die erneute Unübersichtlichkeit verlangte nach jener Instanz, die den langen Atem der Geschichte hatte und seit dem einflussreichen delphischen Orakel die Fähigkeit zur Vorhersage für sich in Anspruch nehmen konnte. Diese Entwicklung wurde von Heinemann aufmerksam verfolgt und unterfütterte daher in den nächsten Jahren seine intensive Lektüre aktueller Autoren wie Sigmund Freud, C. G. Jung, Ludwig Klages oder William James. Besonders ausgiebig waren seine Heidegger-Studien, nachdem 1927 *Sein und Zeit* erschienen war. Darüber hinaus hielt er Übungen zu neuesten Entwicklungen in den Naturwissenschaften, den Religionen und der Kulturphilosophie ab.

## Geist, Leben, Existenz

Das Ergebnis von Heinemanns Hinwendung zur Philosophie seiner Zeit war das viel gelesene und kontrovers diskutierte Buch *Neue Wege der Philosophie. Geist/Leben/Existenz: Eine Einführung in die Philosophie der Ge-*

*genwart*. Das 1929 erschienene Werk von 450 Seiten, eine ebenso genaue wie kunstvolle Verzeichnung alles dessen, was Philosophen in den vorangegangenen dreißig Jahre umgetrieben hatte, passte in jene Zeit, die nicht wenige bilanzierende Untersuchungen hervorbrachte.

Doch das Buch war weit mehr, nämlich eine Streitschrift, die sich an den Weltanschauungskämpfen ausdrücklich beteiligte. Entsprechend begann die Einleitung, die unter dem Titel »Nachwort als Vorrede« die Position des Autors klarstellte: »In Zeiten wie der unseren, die in tief innerlicher Wandlung begriffen an einem Wendepunkt historischen Lebens angekommen sind, wird das erste und wichtigste Anliegen das Verstehen der historischen Situation selbst. Mit nichts anderem beschäftigt sich dieses Buch.«

Die wichtigste Konsequenz aus der emphatischen Ankündigung die historische Situation verstehen zu wollen, und dieser Anspruch ernährte bis 1933 noch eine ganze Reihe von Zeitdiagnostikern, war die Herausstellung einer »Einheit und Verbundenheit der scheinbar so divergierenden Strömungen der Gegenwart«. Auch diesen Befund liebten die zahllosen kulturpessimistischen Autoren der Zeit; gleichwohl hatte Heinemann, anders als jene, keine Verfallsgeschichte, sondern eine der Transformationen zu erzählen. Sie anerkannte, dass das moderne Leben sich »losgelöst hat vom Lebensgrunde, vom Mythos, der es an die Natur, vom Glauben, der es an Gott kettete.« Das war weder zu beklagen noch als Fortschritt zu notieren, sondern, eben ganz historisch, als gegeben zu akzeptieren. Die komplexe Lage der Entwurzelung des modernen Menschen lasse sich nur durch ein Geflecht von Begriffen, die als Selbst- und Fremdzuschreibungen fungierten, näher bestimmen.

Die drei Begriffe »Geist«, »Leben« und »Existenz« bezeichneten sowohl Epochen des Denkens als auch der historischen Wirklichkeit. Mehr noch: Sie waren für Heinemann systematische Ordnungskategorien, die sich Zeiträumen und Denkräumen zuordnen ließen, die sich gegenseitig ergänzten und einander ablösten. Doch die Zusammenkunft von Geist, Leben und Existenz war kein sich wiederholendes Geschehen, sondern in dem von Heinemann vorrangig behandelten Zeitraum von 1870 bis 1930 ein einmaliges. Eben deshalb interessierte er sich für die Sollbruchstellen zwischen den drei Leitmelodien. Genau dort, wo sie von unterschiedlichen Denkern als nicht miteinander kompatibel eingeschätzt wurden, so seine These, komme es zur Krisis. Und wie könnte es anders sein: In dem Moment, da er das niederschrieb, war die größte mögliche Krisis gerade auf ihrem vermeintlichen Höhepunkt.

Wie sah Heinemanns Achsenzeitmodell im Einzelnen aus? Zwischen 1600 und 1900 herrschte »Geist« in den Entwürfen der Philosophen. Anerkannt als höchste Instanz, bildete er unterschiedliche Weisen aus, Welt und Mensch zu verstehen. Mal tat man es von einem idealistischen oder einem positivistischen, mal von der »Zentralkategorie« des »Schaffens« aus. Doch die Kraft der »Geist«-Konzepte erlosch, und ihr Gegenspieler, das »Leben«, trat mit Nietzsche und Henri Bergson machtvoll auf den Plan. Das »Leben« wurde gefeiert, geriet zum Widerpart des Bürgerlichen und seiner eingeübten Formen. Es mochte sich nicht bändigen lassen, alles mit sich fortreißen, was angeblich festgefügt schien. Für Heinemann war der Nachfolger des »Geistes« jedoch nicht das letzte Wort. Um noch gegenwärtiger sein zu können, erschuf er kurzerhand eine Kategorie, die sich gleichwohl aufdrängte: die »Existenz«. Sie bildete für ihn die vorerst letzte »Schichtung« des Gegenwartsgeschehens, die eine völlig andere Dimension in der fortdauernden Destruktion des Althergebrachten verkörperte. »Als das eindeutige Resultat wird sich ergeben, daß das Leben gestaltet ist. Dieses Leben, das in sich die Form und die Formungsprinzipien trägt und sich dessen bewußt wird, nenne ich *Existenz*.«

Heinemann aber historisierte, obwohl sie ihm die Gegenwart zu bestimmen schien, auch diese Kategorie und legte eine chronologische Folge von »Existenz«-Formen vor, die schließlich im Heute der »entleerten, nihilistischen Existenz« endete. Dass in diesem Kontext erstmals Martin Heidegger als »Existenzphilosoph« bezeichnet wurde, dass sich daraufhin zwischen ihm und Heinemann ein scharfer Briefwechsel entwickelte und im Rahmen der Diskussion mit Ernst Cassirer 1929 in Davos ein heftiges Streitgespräch entzündete, sei am Rande erwähnt.

Doch in unserem Kontext ist nicht der weitere Weg der Untersuchung wichtig, sondern die Art und Weise, wie Heinemann der Gegenwart näher zu kommen versuchte. Aber schon diese Formulierung ist falsch: Die Philosophie der Gegenwart stand für Heinemann mitten in dieser und hatte über die oben zitierte Idee des vielfachen Verständnisses und der mannigfachen Formen der »Existenz« längst zur »Weltgestaltung« beigetragen. Eben deshalb sah er die Philosophen in der Verantwortung für die Zeitläufte. Diese Pflicht war keine akademische, vielmehr lag sie in der Philosophie selbst. Deshalb formulierte er am Ende seines Buches ein Programm, das sich der Aufgabe der »Weltgestaltung« annahm. Danach war es die Aufgabe der Philosophie, eine konstruktive Vorstellung vom Menschen und der Menschheit zu entwerfen, die den Anforderungen der Gegenwart gewachsen war. Was genau darunter zu verstehen war, das blieb, wie stets bei der »Krisis«-Literatur, im Dunkeln.

## Zwei »Stunden«

Damit wären wir wieder bei der »Stunde« angelangt, die sechs lange Jahre später für Heinemann eine solche der »jüdischen Philosophie« wurde. Die Zeit zwischen 1929 und 1935 war auch für ihn eine des Wechselbades zwischen Hoffnung und Enttäuschung. In Frankfurt verweigerte man ihm die ordentliche Professur; Versuche, sich im niederländischen Utrecht-Amersfoort und an der Pariser Sorbonne zu etablieren, führten nicht zu dem erwünschten Ergebnis. Erst 1937 gelang die Emigration nach England. 1935 also war die Situation für Heinemann alles andere als geklärt.

Während Alexander Altmann in Auseinandersetzungen mit Kollegen eine »jüdische Theologie« unter Ausschluss der Philosophie zu etablieren suchte, Leo Strauss jedwede Verschwisterung von *Philosophie und Gesetz* unter dem Titel Religionsphilosophie scharf zurückwies und Franz Rosenzweig als der Platzhalter für alles Theologisch-Philosophisch-Jüdische eingesetzt wurde, rief Fritz Heinemann die »Stunde der jüdischen Philosophie« aus. Was führte ihn dazu, angesichts der bis dahin wahrgenommenen Verabschiedungsgesten?

Da eine Überschrift immer mehrere Funktionen hat oder sie von Autor und Leser in verschiedener Weise zugewiesen bekommt, stellen wir ihre Interpretation zurück, solange der auf sie folgende Text nicht betrachtet wurde. Hingegen ist die Analyse des Mottos »Dem kommenden Philosophen« mit weniger Vorbelastungen von Seiten des Interpreten versehen. Die erste Mutmaßung, es stehe in einem Kontext mit Nietzsche, konnte über den Textbefund nicht aufrechterhalten werden. Eine bloße Abwandlung der als Zitat gekennzeichneten Zeile, konnte bei dem Philologen Heinemann ausgeschlossen werden: Nietzsche spielte in der *Einführung in die Philosophie der Gegenwart* eine prominente Rolle, weil er nicht nur post mortem zu einer Autorität für die unterschiedlichsten mehr oder weniger intellektuellen Bedürfnisse, sondern auch vielfach in umfassenden Untersuchungen Gegenstand philosophischer Analyse geworden war. Doch gleichzeitig hielt Heinemann Nietzsche wie auch Bergson vor, dass ihr Denken nicht in der Lage sei, den »gegenwärtigen Menschen auf dem Wege zu sich selbst« adäquat zu begleiten. Dass dieser Mensch versuche, sich in seiner »eigentlichen Existenz« zu fassen, wäre ihnen nicht in den Blick gekommen. Fasst man Heinemanns Bemerkungen zu dem Zeitgeistheroen Nietzsche zusammen, dann scheint es, als habe er eine Warnung desselben ernst genommen, die er in *Also sprach Zarathustra* niederschrieb: »Ich bin ein Geländer am Strome: fasse mich, wer mich fassen kann! Eure Krücke bin ich aber nicht. –«

Wenn aber nicht Nietzsche, wer ist dann der Verursacher der Widmung?

Für Heinemann war es keine Frage, dass die gewaltigen Umformungen der Zeit eine spezifisch jüdische, letztlich philosophische Antwort verlangten. Vom einfachen Lebenszusammenhang bis hin zum Grundbegriff des abendländischen Denkens, dem »Sein«, sei für den jüdischen Menschen alles fragwürdig im existenziellen Sinne geworden. Da Philosophie jeder Art dem Leben erst Form gebe, könne die Antwort auf die geistig-existenzielle Situation der Zeit nur eine jüdische Philosophie sein, die die großen Schicksalsfragen des Volkes erneut bedenkt.

Jede Zeile enthielt gleich mehrere Kontexte, die den Zeitgenossen vertraut waren: zunächst ein sehr gut informiertes und genau inszeniertes Wechselspiel aus einer pointierten Beschreibung der Lage der Nation, dann eine komprimierte Zusammenführung der Argumente aus der *Einführung in die Philosophie der Gegenwart* sowie den Debatten innerhalb des deutschen Judentums. Auf nur wenigen Seiten machte Heinemann klar, dass in der konkreten Lage die Philosophie einen Beitrag für das nicht bloß situationsbezogene Verständnis von eben der Lage, der Philosophie und dem Judentum liefern kann, indem sie, die Philosophie, in der Rede von einer »jüdischen Philosophie« die drei Elemente vereinte, um sie so präzise fassen zu können. Das erscheint plausibel, klingt aber ebenso maßlos und unglaubwürdig, wie es die Kombination von Judentum und Philosophie ist.

Heinemann erkannte das Problem der »jüdischen Philosophie« an, und gerade als solches war es akut. Es war von Seiten des »jüdischen Menschen« aktuell geworden, denn der war durch die nationalsozialistische Herrschaft und die Errichtung der »Volksgemeinschaft« gezwungen worden, über die alte platonische Frage nach dem Sinn von Sein unter existenziellen Bedingungen nachzudenken. Was Heinemann glaubte für jeden deutschen Juden formulieren zu können, wurde dann radikal auf ihn zurückgenommen. Denn er selbst und seine Idee der Existenzphilosophie, die von der formenden Kraft des Lebens ausging, wurde in Frage gestellt und das Bündnis zwischen der eigenen Existenz und der philosophischen, das heißt allgemeinen Reflexion über sie zurückgeworfen auf das eigene Judesein Heinemanns.

Er nahm die Zuweisung an und blickte von ihr aus – als Teil der jüdischen Gemeinschaft – auf das Projekt eines jüdischen Staates und der dazu gehörenden, nicht länger mit den Feinden zu teilenden jüdischen Wirklichkeit. Exakt an dieser Stelle sah Heinemann die Notwendigkeit, die seit der Zerstörung des Zweiten Tempels herrschende Existenzweise des Exils als Problem zu begreifen und der Möglichkeit des jüdischen Staates eine »lebens- und volksverbundene Philosophie« zu geben.

Die Übertragung der Situation in eine philosophische Sprache war in diesen Jahren einzigartig. Niemand fragte länger nach zeitdiagnostischen und Sinnressourcen in der philosophischen Tradition. Sie schien ausgedient und bloßes Zierrat geworden zu sein. Heinemann ging das Risiko ein, die konkrete Situation in ein von der griechisch-zentraleuropäischen Perspektive bestimmtes Interpretationsmuster einzutragen.

Für ihn war der Jude metaphysisch ein »Sonderwesen«, das den Bereich des universal Gültigen betrat und das nach dem Überschreiten der Schwelle seinen Status »opfern« musste. Doch das sei notwendig, um den unbedingten Dienst an der Wahrheit, der einzigen Aufgabe des Philosophen, verrichten zu können. Denn die Wahrheit sei stets unteilbar und der gesamten Menschheit zugänglich und somit verpflichtend. Unleugbar aber habe es im Laufe der Geschichte partikulare Philosophien gegeben, und diese Tatsache sei nicht durch den Hinweis auf die Universalität aus der Welt zu schaffen. Dieser Zwiespalt konnte nicht mit der Hebung des Zusammenhangs auf eine andere Seinsstufe getilgt werden, sondern musste, wenn überhaupt, reflektierend gemeistert werden. Heinemann konstruierte eine Antinomie, die zu nichts anderem diente als die Einschränkung zu artikulieren, die das »Sonderwesen« Jude im Kontext einer philosophischen Auseinandersetzung erlitt. Der Zusammenprall von Universalität und Partikularität war für Heinemann eine Frage des Überlebens geworden.

Also galt es, den Philosophiebegriff umzugestalten. Ansatzpunkt dazu seien die drei Fragen Immanuel Kants »Was kann ich wissen?«, »Was soll ich tun?«, »Was darf ich hoffen?«. Natürlich verfing sich Heinemann immer mehr in Widersprüchen, die ihm Universalität und jüdische Partikularität aufgaben, denn Kants Fragen gehörten zum Kanon der erst noch neu zu bestimmenden Philosophie. Doch nicht das interessierte ihn, als er sie aufrief, sondern die Möglichkeit, gerade auf sie aus der partikularen Zeiterfahrung heraus eine Antwort geben zu können. »1. Philosophie ist immer existenz-gebunden«; 2. »Philosophie ist immer zeitgebunden« und »3. Philosophie ist immer raumgebunden.« Das waren aber keine Antworten, allenfalls Bedingungen der Möglichkeit, die Fragen Kants genauer in den Blick zu nehmen. Doch weit dramatischer musste wirken, dass die vierte Frage »Was ist der Mensch?« fehlte, die – quasi inoffiziell – erst in der Nachschrift der Jäsche-Logik hinzukam. Sie blieb zunächst ungestellt – denn der »Mensch« war nicht länger »der Mensch«, sondern der »jüdische Mensch«, um den allein es Heinemann ging.

Und so wird, der Satz klingt uns heute wie eine weisere Vorwegnahme von Theodor W. Adornos berühmt gewordenem ersten Satz der *Negativen Dialektik* – »Philosophie, die einmal überholt schien, erhält sich am Leben, weil der Augenblick ihrer Verwirklichung versäumt ward« –, ein Wechsel auf die Zukunft ausgestellt: »Eine jüdische Philosophie ist gerade deshalb möglich, weil sie noch ihrer endgültigen Realisierung harrt. Ihre eigentliche Stunde aber ist gekommen, zunächst einmal, weil es *wieder* einen spezifisch jüdischen Erscheinungsraum gibt.«

Damit positionierte er sich ausdrücklich gegen Guttmann und Strauss, die beide nicht zuletzt die Existenz eines »jüdischen Erscheinungsraums« zurückgewiesen hätten. Heinemann hatte natürlich Palästina und die Ausgrenzung in Deutschland im Sinn, als er darauf insistierte und somit die Anerkennung eines Faktums zur Grundlage seines jüdisch-philosophischen Modells gemacht hat. Das Volk mit der längsten Erinnerung würde so wieder eine eigene Zeitrechnung erhalten, die sich nicht länger am säkularen oder christlichen Kalender ausrichtete.

Jüdischer Raum, jüdische Zeit und jüdisches Volk bildeten ein selbstständiges kategoriales System, das mit den universalen Ansprüchen der Philosophie unversöhnlich schien. Doch, und hier griff Heinemann auf seinen Lehrer Hermann Cohen zurück, sei die Offenbarung am Sinai, das »Hören des göttlichen Wortes«, dem philosophischen Absoluten gleich. Die dort mitgeteilte, unverrückbare »jüdische Substanz« sei eben nichts aus »Blut«, noch aus dem »Boden«, vielmehr überstieg sie die Dichotomie des Universalen und des Partikularen. Heinemanns Dialektik endete mit einer Synthese. Für ihn ermöglichte es die Kraft des göttlichen Wortes, die künftige jüdische Philosophie gleichzeitig mit den drei tragenden Kategorien in den Blick zu bekommen. Wiederum kehrte Heinemann die eingefahrenen Begründungsverhältnisse um: Die Voraussetzung jüdischer Philosophie wurde die Zentralstellung der Offenbarung. Akzeptierte man diese philosophisch-theologische Lesart, dann war der Übergriff auf Raum, Zeit und Volk mitgegeben, denn diese drei waren, darüber bestand Einigkeit mit Guttmann und Strauss, in der Offenbarung eingeschlossen.

## Jüdische Existenz

Heinemann sah zu Recht zwei Probleme auf seine Konstruktion der jüdischen Philosophie zukommen. Sie musste, wollte sie universal sein, den Zusammenhang mit dem geschichtlichen Kontext erneut stiften, denn aus ihm kam sie und auf ihn wirkte sie zurück. Des Weiteren mussten die Spezifika der neuen »jüdischen Situation und der jüdischen Existenz« integriert werden. Die Folgerung hieraus, die ihn trotz des Umweges über die Offenbarung einholte wie auch Altmann schon, zog Heinemann mit Rekurs auf den Untertitel: weniger auf die noch auszuarbeitende »jüdische Philosophie« komme es an, sondern auf den »jüdischen Philosophen« selbst. Das Abstrakte ging auch bei Heinemann in das Praktische über.

Der »jüdische Philosoph« wurde ausersehen, die in der Offenbarung mitgesetzte Komplexität jüdischen Eigensinns in der konkreten historischen Situation zu einer geistigen Einheit zu verschmelzen. Wie eine solche geistige Einheit aussehen konnte, war Gegenstand des zweiten Teils von Heinemanns Überlegungen, den er unter dem Titel »Phänomenologie des jüdischen Geistes. Eine Aufgabe jüdischer Philosophie« publizierte. Nach Kant wurde also Hegel bemüht, doch Heinemann ließ keinen Zweifel daran, dass die Rede von Phänomenologie lediglich die Anzeige einer methodischen Ausrichtung war und nicht die Übernahme des idealistischen Programms meinte.

Die zu stiftende Einheit sollte über ein Handeln hergestellt werden, – schon immer das komplexeste Phänomen der Philosophie. Heinemann näherte sich dem Feld mit Alltagsformulierungen: Jeder der handelt, ist praktisch tätig. Der Mensch tut es seit seiner Bewusstwerdung in tausenderlei verschiedener Ab- und Hinsicht. Da alles aus dem Handeln hervorgehe, sei dadurch eine Vollständigkeit erreicht, die gleichzeitig eine Einheit bilde. Weil Heinemann die Phänomenologie des Handelns in der Sphäre des Praktischen ansiedelte, war sie mehr als eine bloße Idee, und so konnte man sie universal gültig nennen.

Nach dem Wiedereintritt in die Geschichte – nichts anderes kann eine »Phänomenologie des Handelns« erstreben – wäre nach deren »Strukturgesetzen« zu fahnden, um die spezifische jüdische Situation in eine angeeignete, also jüdische Geschichte zu überführen. Doch Heinemann verblieb in der Detailarbeit in vagen Behauptungen. Bei all den in der Folge erwähnten, lediglich lose verknüpften Ideen schien es sich um einen Stufenbau zu handeln, der vom Komplexen (»jüdische Philosophie«, »jüdische Phänomenologie des Geistes«) über die Methode (»Phänomenologie«) hin zum Einfachen (den »Erscheinungen«) sich erstreckte. Eine solche »Phänomenologie der Entgeisterung«, die es ihm in der Konsequenz gestattete, alle Folgen von Handlungen vollständig zu ordnen, war also mehr eine Behauptung, denn eine an die Offenbarung eng geknüpfte neue Systematik.

Das wusste vor allen anderen Heinemann selbst, zumal er auf Schritt auf Tritt gewahr wurde, dass ihm niemand auf jüdischer Seite vorgearbeitet hatte. Konsequent ging er daran, Modelle zur Diskussion zu stellen, um die spezifische historische Situation einzig und allein aus jüdischer Sicht so zu begreifen, dass in ihnen weiterhin der Dreiklang Raum, Zeit und Volk aus philosophischer Perspektive im Mittelpunkt stand. Um dorthin zu gelangen, erinnerte sich Heinemann der phänomenologischen Methode, die in drei Schritten entwickelt wurde.

Voraussetzung für eine spezifische jüdische Weltsicht war nach Heinemanns Auffassung zu erkennen, wie der »jüdische Mensch« sein Selbst- und Weltverständnis entwickelt. Berücksichtigt werden sollte dabei, dass er selbst zeitlos war und durch die Offenbarung der Geschichte ausgesetzt wurde. In Heinemanns Interpretation war dieser Eintritt in die Geschichte verbunden mit der Rückkehr in die Ewigkeit. Wenn diese zyklische Idee kohärent war, dann musste sie allerdings ergänzt werden durch ein Strukturgesetz, das den Kreislauf nicht nur beim Individuum, sondern auch bei der gesamten jüdischen Nation in analoger Weise garantiert. Sollte dieses Gesetz nachgewiesen werden können, so wäre ein spezifisches jüdisches Selbstbewusstsein entdeckt, das in seinem Werden quasi rational erklärt wäre.

Der erste Punkt forderte zunächst die Würdigung der jüdischen zeitlichen Weltformung. Die Erscheinungen entstehen in der jüdischen Sphäre auf unterschiedliche Art: sei es, traditionell betrachtet, im Gebet und im Gottesdienst, wo eine Bestätigung der jüdischen Handlungen im Ritus selbst gegeben wird, und auf die Art, das betont der zweite Teil des ersten Punktes, wie in der Torah der Mensch in die Geschichte eingeführt wurde. Von Beginn an (Gen 5,1) war »Geschichte« *(Toledot)* in der Erzählung des jüdischen Volkes gegenwärtig. Es trat mit der Auserwählung in die Geschichte ein und würde am Ende der Zeiten in die Ewigkeit eingehen.

Der zweite Punkt lieferte keine Parallelität der Kategorien Raum und Zeit wie der erste, vielmehr präsentierte er eine Stufenfolge, eine Entwicklung. Die übergeordneten Strukturen menschlicher Handlungsoptionen gestatteten den Versuch, von der Einzelhandlung hin zum Volk fortzuschreiten. Das Volk war strukturbedingt von Beginn an mit dem Individuum gesetzt. Insoweit hing der zweite Punkt vom ersten ab. Mit der Idee vom Selbstbewusstsein kehrte Heinemann zu Hegel zurück, und sollte wohl so verstanden werden, dass es in der Geschichte der durch Handlungen hervorgegangenen jüdischen Erscheinungen ein Zu-sich-selbst-Kommen des Judentums in den Momenten gab, in denen sich das jüdische Volk seines Tuns als ein geschichtsmächtiges voll bewusst wurde. Obwohl Heinemann es nicht nahe legte, eine Summe der drei Punkte zu ziehen, so ließen sie sich doch als erster Entwurf für die Synthese aus Raum, Zeit und Volk unter der Anleitung einer jüdischen Philosophie verstehen.

Im Februar 1936 veröffentlichte der *Morgen* den dritten Teil von Heinemanns Überlegungen unter dem erneut kryptischen Titel »Urformen jüdischen Geistes. Der Akt der Heiligung«. Der Text bemühte sich um eine Fortführung des zuvor Gesagten und endete bei der Forderung nach den »Urformen des jüdischen Geistes« zu suchen. *Die* »Urform des jüdischen Geistes« wäre Gott. Doch Heinemann kam nicht auf diesen nahe liegenden Gedanken, obwohl er es ihm ermöglicht hätte, sein Verhältnis zur angestrebten Phänomenologie und zur bereits existierenden Theologie zu klären. Stattdessen mühte er sich, die »Urform« weiterhin in der Welt der Erscheinungen ausfindig zu machen. Diese aber sind in ihrer Erkennbarkeit auf die Phänomenologie angewiesen. Wie also dem entfliehen? Unmotiviert wirkte in diesem Zusammenhang die Idee vom »Akt der Heiligung«, die sich im Folgenden als immer beschwörender klingende Formel entpuppte, sich als religiöser Jude seiner Auserwähltheit zu vergewissern und zu bekennen. So und nur so könne der Jude in der spezifisch jüdischen Sphäre weiterhin Anteil an der Welt der Erscheinungen haben, und nur von dort gebe es für die Juden die Möglichkeit, die einstmals mitgelebte Universalität der Menschheit mit der eigenen Partikularität zu versöhnen.

## Ein letzter Versuch

Fritz Heinemanns Versuch, auf die seit 1933 sich radikalisierende Situation zu reagieren, hatte drei Jahre später in einem Bekenntnis zum Judentum geendet. Heinemann sah sich als Jude, Mensch und Philosoph getroffen. Das klang pathetisch, aber der Philosoph, der aufgrund der Gleichzeitigkeit von Freiheitsberaubung und der Möglichkeit eines eigenen jüdischen Staates sich herausgefordert fühlte, als »jüdischer Philosoph« zu reagieren, musste den universalen Aspekt des Menschseins als Teil des weiterhin existierenden Wahrheitsanspruchs seiner Disziplin zu sichern suchen. Die am Ende stehende sakrale Rede vom »Akt der Heiligung« als einzig den Zeitumständen gemäß – das hieß, die die Auserwähltheit annehmende Haltung ermöglichte für ihn die Wiedergewinnung der Welt, der Erscheinungen und ihrer Erkenntnis durch die Phänomenologie. Diese in der Auseinandersetzung mit Kant und Hegel gewonnene, tatsächlich wohl aber auf die Begrifflichkeit Max Schelers zurückgehende Form der »Phänomenologie« lässt Heinemanns Versuch einer Neubestimmung jüdischer Philosophie vollkommen eigenständig erscheinen. Dass er sein Vorhaben ganz und gar aus den politischen Verhältnissen heraus entwickelte, unterstreicht diese Einschätzung.

Guttmanns *Philosophie des Judentums* war im Jahre 1933 eine klassische Stabilisierungsleistung. Hier sollten souverän und gleichzeitig involviert in das Dargestellte die Leistungen jüdischer Denker aus einer bewusst modernen Sicht zur Geltung kommen. Sein Kritiker Strauss verkomplizierte die Lage entscheidend, als er einerseits die Prämissen Guttmanns in Frage stellte und gleichzeitig bestritt, dass der Blick zurück auf Maimonides, seine Nachfolger und auf das, was man das Goldene Zeitalter der hebräischen Literatur nennt, erst frei machte, die Lage eines jüdischen Philosophen im Jahre 1935 näher zu bestimmen. Der Atheismus, der mit der Orthodoxie solidarisch war, geriet zur provokanten Antwort auf die eigene Analyse. Altmann wiederum agierte in zwei Richtungen: Die gezielte Auseinandersetzung mit philosophischen Analysen war motiviert durch die Suche nach zeitgemäßen

Begriffen, die, den Originalkontexten entwendet, dem Aufbau einer jüdischen Theologie dienen sollten. Philosophische Begriffe aus den Diskussionen der Gegenwart ergänzten das Vorhaben, weil Altmann einerseits das Zielen aufs Allgemeine mit der Aufgeladenheit des Jetzt verband, um seinem Vorhaben ausreichend Relevanz für die intellektuellen Kämpfe der Zeit zu geben; parallel dazu nutzte er seine Position als orthodoxer Rabbiner, um den mit sich selbst ringenden Liberalismus als überholt vorführen zu können. Denn der, das war die Pointe der Beschäftigung mit Barth, Heidegger und anderen, verblieb nur noch in seinem eigenen Rahmen und schien dadurch nicht mehr fähig, das aufzunehmen, was in der Luft lag.

Heinemann unterschied sich von den dreien deutlich durch die vollständige Neuausrichtung seines Denkens. Zwischen Antike und Gegenwartsanalyse sich bewegend, dabei nur am äußersten Rande mit jüdischen Fragestellungen und Institutionen beschäftigt, nahm er als Denker die Herausforderung der Zeit an. Er musste, anders als die Genannten, neu beginnen. Noch in dem Text zur »Stunde der jüdischen Philosophie« versuchte er das alte Schema der Existenzgebundenheit des Menschen fortzuentwickeln, gab es aber schnell zu Gunsten der Suche nach einer explizit jüdischen Philosophie auf.

Diese wurde inhaltlich nicht mit Rekurs auf die traditionellen und aktuellen Debatten bestimmt, sondern ausschließlich durch die neuen, von außen oktroyierten Gegebenheiten. Ihnen eine eigenständige und eben nicht durch das Außen beeinflusste Antwort zu geben, war das Ziel Heinemanns. Allein der die Philosophie stets beschäftigende Grundkonflikt zwischen Universalismus und Partikularismus blieb für Heinemann bestimmend. Denn so alternativlos für einen jüdischen Philosophen die Tatsache war, nunmehr eine jüdische Philosophie betreiben zu müssen, so wenig konnte er dies tun ohne die Struktur der allgemeinen Philosophie zu reflektieren. Wahrheit in ihrer Totalität musste auch die jüdische Philosophie anerkennen.

Der jüdische Philosoph, der sich zur jüdischen Philosophie bekannte, weil er vermeinte nur so Philosoph bleiben zu können, musste die Dimension des Religiösen anerkennen, wollte er es nicht bei bloßen Versicherungen belassen. Die geplante Synthese von jüdischer Philosophie, den drei Kategorien Raum, Zeit und Volk im Rahmen einer neuartigen Phänomenologie unter dem Titel »Sein und Erscheinungen«, ließ Heinemann nach 1940 fallen. Bis zu seinem Tod im Jahr 1969 kam er nicht in einer einzigen Zeile darauf zurück.

Warum er das Unternehmen abbrach, muss Spekulation bleiben. Zwar arbeitete er intensiv an einer *allgemeinen* Phänomenologie, jedoch bleiben die entsprechenden Aufsätze zu Leonardo da Vinci und Goethe wenig aussagekräftig. Einzig ein Text über »Die Theorie der möglichen Phänomenologien«, der in der in Paris erscheinenden *Zeitschrift für freie deutsche Forschung* jedoch nur mehrfach angekündigt, aber nicht veröffentlicht wurde, versprach eine konkrete Ausführung der geäußerten Absichten.

Den entscheidenden Hinweis gab aber bereits sein 1939 im englischen Exil verfasstes Buch *Odysseus oder Die Zukunft der Philosophie*. Obwohl er dort ausdrücklich auf das geplante systematische Werk hinwies, hatte er den partikularen Standpunkt verlassen und sorgte sich nunmehr um *die Philosophie*. War in den vorangegangenen Texten die Identifikation Heinemanns mit dem »jüdischen Philosophen« entscheidend gewesen, so sah er sich und seine gesamte Zunft nun exemplarisch als »Odysseus«, der zwar um seine Heimkehr weiß, doch weder darum, wie lange die Irrfahrt dauerte, noch ob die dann erreichte Heimat eine wirkliche sein würde. Er wusste es deshalb nicht, weil die neuen Selbsterfahrungen der Auflösung und des Untergangs jede frühere Erfahrung mit der Kontingenz der Weltgeschichte eliminiert hatten. Herausgeschleudert aus dem »Halt des Absoluten«, den »magischen Banden der Finsternis und des Zuges zur Tiefe« ausgesetzt, in der unmittelbaren Gefahr, im Malstrom der Barbarei und Primitivität einer entfesselten Technik verschlungen zu werden, musste Odysseus in einem Moment der Besinnung eine ungewohnte und vom Scheitern infizierte *creatio ex nihilo* vollbringen.

Doch er tat es nicht ohne Hilfe. Wohl hatte er sich daran erinnert, dass mit der Entmenschlichung des Menschen als einem globalen Geschehen – er nannte neben Deutschland immer wieder Russland und Spanien – auch die Philosophie in ihrer Existenz gefährdet war. Odysseus lernte die Axiomatik moderner Logiken kennen, begegnete mehrfach Carl Gustav Jung und zog aus all dem den Schluss, dass Philosophie aus all diesen Gründen nur noch »Vor-Philosophie« sein könne. Die Vorstellung, dass der jüdische Philosoph aus seiner Sonderung die Möglichkeit verkörpere, die Wiederherstellung der einen Wahrheit leisten zu können, wurde auf Odysseus übertragen. Die Zeitdiagnostik führte den Philosophen in die Antike, die bisher jeder Gegenwart die Hoffnung auf Rettung versprach.

# Schluss

In der Pessach-Doppelnummer des Jahres 1936 veröffentlichte die *Jüdische Rundschau* die Ergebnisse einer Umfrage, die sich über die »Zukunft der jüdischen Wissenschaft« äußerten. Die Redaktion des Blattes hatte zahlreiche Gelehrte gefragt, ob die Zeitumstände Einfluss auf die Struktur und die Zukunft jüdischer Wissenschaft nähmen, und wie ihre Sicherung und ihr Ausbau gelingen könne. Das Resümee der eingeholten Äußerungen lautete gemäß der Redaktion so: »Den Gesamteindruck der Antworten kann man wohl dahin zusammenfassen, daß die außergewöhnlichen Umstände dieser Zeit uns nicht lähmen, sondern stärker, wacher und aktiver machen.«

Insgesamt zehn Antworten wurden veröffentlicht: von A wie Victor Aptowitzer in Wien bis W wie Max Wiener in Berlin reichte die Liste prominenter Autoren: David Baumgardt (Birmingham), Zevi Diesendruck (Cincinnati), Simon Dubnow (Riga), Ismar Elbogen (Berlin), Ludwig Feuchtwanger (München), Isaak Heinemann (Breslau), Simon Rawidowicz (London) und Sinai Ucko (Haifa) waren sowohl als Wissenschaftler wie auch als Editoren, Zeitschriftenherausgeber und in anderen wichtigen Funktionen, etwa in Rabbinerseminaren und anderen Bildungseinrichtungen, täglich mit den gestellten Fragen konfrontiert. Man hat diese Umfrage in erster Linie als Reaktion auf die Gründung des »Reichsinstituts für Geschichte des neuen Deutschlands« 1935 und vor allem die Etablierung der »Forschungsabteilung Judenfrage« in seinem Rahmen verstanden. Das ist historisch sicherlich richtig, verkürzt aber die Aussagen hin auf bloße Apologetik. Tatsächlich wurde hier der Versuch unternommen, ein mögliches Danach zu konturieren.

Nur fünf Jahre nach Veröffentlichung des Textes wurde Dubnow im Rigaer Ghetto ermordet und Aptowitzer starb völlig erblindet 1942 im Jerusalemer Exil, wohin sich auch Heinemann im Februar 1939, unmittelbar vor dem Zugriff der Nationalsozialisten, rettete. Elbogen wie auch Wiener verließen Deutschland im gleichen Jahr Richtung Vereinigte Staaten. Beiden starben bald nach ihrer Emigration 1943 bzw. 1950, ohne den Verlust ihrer Gemeinden jemals verschmerzt zu haben. Feuchtwanger wurde nach den Novemberpogromen festgenommen und seiner Bibliothek beraubt, er konnte erst 1939 nach England fliehen, wo er 1947 mittellos verstarb.

Am Beginn einer erneuten Steigerung der Vernichtungsbemühungen des nationalsozialistischen Deutschlands, die sich vor allem in der Ermordung der ungarischen Juden zeigte, schrieb Gershom Scholem im Jahr 1944 seinen großen, von Verletzungen und Wut auf das Geschehene geprägten Abgesang auf die »Wissenschaft des Judentums«. In seinem auf Hebräisch veröffentlichten Essay »Überlegungen zur Wissenschaft des Judentums« blickte der seit September 1923 in Jerusalem lebende Gelehrte auf die Entwicklung des *Chochmat Jisra'el* (der Weisheit Israels) zurück und versuchte mühsam und schwankend eine Perspektive für die Zukunft zu gewinnen. Scholems Text bot eine Perspektive aus dem Land der Sehnsucht, zu der sich viele der in den vier

Studien genannten Protagonisten bis 1938 nicht bekennen wollten oder konnten. Er wusste um deren Kämpfe, Ängste und Hoffnungen, und nicht zuletzt deshalb fiel das gezeichnete Bild der »Wissenschaft des Judentums« so einseitig, teilweise gezielt falsch und schroff aus.

Das vorliegende Buch handelte vom »Ende der Emanzipation«. Es versuchte sich einer Zeit zu nähern, die Jahre der Entrechtung und Verfolgung und der Vorbereitung zum größten Verbrechen in der Menschheitsgeschichte waren. An die Debatten und Diskurse der Jahre von 1933 bis 1938 zu erinnern, hieß immer, die Geschehnisse seit der Herrschaft der Nationalsozialisten als den immer enger werdenden Rahmen jüdischen Lebens in Deutschland vor Augen zu haben. In vier eigenständigen Kapiteln sollten ausgewählte Auseinandersetzungen jüdischer Philosophen und Theologen erste Einblicke in einen einmaligen Diskussionszusammenhang bieten. Dabei mussten immer wieder, durchaus gegen die Form des Essays verstoßend, längere Zitate und Referate das analysierende Wort ersetzen, nicht zuletzt deshalb, weil die behandelten Texte und Autoren heute, wenn überhaupt, nur durch ihre Nachkriegskarriere bekannt sind.

Was den behandelten Veröffentlichungen gemein ist, ist ihr Übereinstimmen in der Zeitdiagnose. Das »Ende der Emanzipation« war 1933 bereits unwiderrufbar, nur um welche Art von Ende es sich handeln sollte, wusste niemand. So schrieben sie gegen die immer mehr Zumutungen mit sich bringende Umwelt an, indem sie sie ausblendeten. Das war, wie in der »Einleitung« beschrieben, nur zunächst ein passiver Akt. Noch im Jahr 1933 wurde das Schreiben als Akt jüdischen Selbstbewusstseins begriffen. Die jüdischen Philosophen und Theologen führten die Gespräche nur noch mit der eigenen Welt, die man immer mehr auszusondern trachtete. Es erwuchs den Schriften eine besondere Eigenständigkeit, denn so konnten sie dem Ende der Emanzipation Neuentwürfe, Trauerreden, Erinnerungen und utopische Ausblicke entgegenstellen. Es entwickelte sich eine auf das Jüdische konzentrierte Diskussionskultur.

Diese Diskussionskultur war nicht künstlich, sondern authentisch. Eingelagert zwischen jüdischem Wissen wurde die Zeitdiagnostik – ausgedrückt in Anspielungen – transformiert in symbolhafte Formeln oder Metaphern oder in die Kreation eines Mythos, wie das Beispiel Franz Rosenzweigs zeigte. Jüdische Philosophie und jüdische Theologie boten beides: den Platz für die gelehrte Auseinandersetzung und für Identifikationsangebote. Auf diesen Feldern war man unter sich, die nach Generationen erstmals wieder existenzielle Erfahrung der Partikularität führte zur Klärung historisch überkommener Selbstverständlichkeiten.

Die Textstrategien konnten unterschiedlicher nicht sein, aus ihnen allen sprach jedoch ein hohes Bewusstsein, dass sie einer besonderen Lage gegenüber bestehen mussten. Doch nicht das gewählte Wort stand im Mittelpunkt, sondern der Wille, deutlich und unmissverständlich zu schreiben.

Die hier vorgelegten Kapitel streben weder einen Überblick der Jahre 1933 bis 1938 an, noch wollen sie die in diesem Zeitraum aufgeworfenen Fragestellungen erschöpfend beantworten. Sollte die Dringlichkeit der Erforschung des hier vorgestellten Materials einsichtig geworden sein, so wäre viel erreicht. Denn vom Ende der politischen und intellektuellen Emanzipation wissen wir, dass ihr die Shoah folgte, jedoch nahezu nichts wissen wir von dem, was in der Zeit bis zu diesem Abgrund geschah. Beide Momente sind ohne einander nicht denkbar, beide sind dennoch getrennt. Dieser Zwiespalt ist ein im Nachhinein konstruierter, die Zeitgenossen mussten sich bis 1938 damit noch nicht beschäftigen. Nicht zuletzt deshalb, um ihren Überlegungen wieder Raum zu geben, wurde das vorliegende Buch geschrieben.

# Quellen und Literatur

Zur Einführung in die Thematik ist noch immer maßgeblich: Werner E. Mosse/Arnold Paucker (Hg.), Entscheidungsjahr 1932. Zur Judenfrage in der Endphase der Weimarer Republik, 2., erw. und rev. Aufl., Tübingen 1966. Die Ereignisgeschichte der Jahre 1933/34 wird exakt nachgezeichnet bei: Uriel Tal, Law and Theology on the Status of German Jewry at the Outset of the Third Reich (1933/34), Tel Aviv 1982. Saul Friedländer hat vor zehn Jahren die Forschung über die Etablierung des NS-Regimes und dessen antisemitische Politik auf eine neue Grundlage gestellt: Das Dritte Reich und die Juden, Bd. 1: Die Jahre der Verfolgung 1933–1939, München 1998.

Eine grundlegende Referenz des vorliegenden Toldot-Bandes ist: Max Wiener, Jüdische Religion im Zeitalter der Emanzipation, Berlin 1933. Die Unterscheidung in »Normenstaat« und »Maßnahmenstaat« bezieht sich auf Ernst Fraenkel, Der Doppelstaat, Frankfurt a. M./Köln 1974 (zuerst: The Dual State. A Contribution to the Theory of Dictatorship, New York 1941).

## Gesetz und Philosophie

Die vier grundlegenden Texte Alexander Altmanns, die dieses Kapitel behandelt, sind: Metaphysik und Religion, in: Jeschurun 17 (1930), 321–347; Was ist jüdische Theologie? Beiträge zur jüdischen Neuorientierung, Berlin 1933 (die Broschüre wurde aus Texten zusammengestellt, die im Juni und Juli 1933 in der Zeitschrift *Der Israelit* publiziert wurden); sowie: Religion und Wirklichkeit. Zur Problematik der Gegenwart, in: Bayerische Israelitische Gemeindezeitung Jg. 9, Nr. 8 v. 15.4.1933, 113–118; Zur Auseinandersetzung mit der »dialektischen Theologie« in: Monatsschrift für Geschichte und Wissenschaft des Judentums (weiter zitiert als: MGWJ) 79 (1935), 345–361. Zu Altmanns Leben und Werk vgl.: Thomas Meyer, Alexander Altmann: Ein Porträt anläßlich seines 100. Geburtstages am 16. April 2006, in: Aschkenas 15 (2005), 535–571.

Die für Altmann wichtigen Systementwürfe aus der Zeit der Weimarer Republik waren: Georg Lukács, Geschichte und Klassenbewußtsein. Studien über marxistische Dialektik, Berlin 1923; Martin Heidegger, Sein und Zeit, Halle/Saale 1927; ders., Was ist Metaphysik?, Frankfurt a. M. 1929; Ernst Cassirer, Philosophie der symbolischen Formen, 3 Bde., Bd. 1: Die Sprache, Berlin 1923; Bd. 2: Das mythische Denken, Berlin 1925; Bd. 3: Phänomenologie der Erkenntnis, Berlin 1929; Nicolai Hartmann, Grundzüge einer Metaphysik der Erkenntnis, Berlin ²1925; Erich Przywara, Analogia entis. Metaphysik, München 1932; Hermann Cohen, Religion der Vernunft aus den Quellen des Judentums. Aus dem Nachlass herausgegeben von Bruno Strauß, Frankfurt a. M. ²1929.

Manche Themenfelder zur jüdischen Theologie im 19. und frühen 20. Jahrhundert sind gut erforscht, vgl. etwa die Grundlagenstudie von Christian Wiese: Wissenschaft des Judentums und protestantische Theologie im wilhelminischen Deutschland. Ein Schrei ins Leere?, Tübingen 1999. Wieses Arbeit kann auch als Einführung in die Problematik gelten; einen ersten Überblick zur Vorgeschichte der historischen »Erschütterung« jüdischer Theologie im frühen 19. Jahrhundert gibt: Andreas Gotzmann, Jüdische Theologie im Taumel der Geschichte: Religion und historisches Denken in der ersten Hälfte des 19. Jahrhunderts, in: Ulrich Wyrwa (Hg.), Judentum und Historismus. Zur Entstehung der jüdischen Geschichtswissenschaft in Europa, Frankfurt a. M./New York 2003, 173–202.

Einige wichtige zeitgenössische Quellensammlungen für die Zeit des Kaiserreichs und der späten Weimarer Republik sind: Abraham Geiger, Einleitung in das Studium der jüdischen Theologie, in: Ludwig Geiger (Hg.), Abraham Geiger's Nachgelassene Schriften. Zweiter Band, Breslau 1875, 1–32; Verband der deutschen Juden (Hg.), Die Lehren des Judentums nach den Quellen, 3 Bde., Leipzig 1928/30; Hans Joachim Schoeps, Jüdischer Glaube in dieser Zeit. Prolegomena zur Grundlegung einer systematischen Theologie des Judentums, Tübingen 1932.

Ein wichtiger Bezugspunkt für Altmanns jüdische Theologie ist: Martin Buber, Das Kommende. Untersuchungen zur Entstehungsgeschichte des messianischen Glaubens, Bd. 1: Königtum Gottes, Berlin 1932. Zur Halachah noch immer maßgeblich ist das vierteilige, in drei Bänden erschienene Werk von Menachem Elon: Jewish Law, das 1997 in einer überarbeiteten Auflage in hebräischer Sprache erneut vorgelegt wurde. Altmanns Diagnosen über die historische Entwicklung der jüdischen Gemeinde wird durch das klassische Werk von Jacob Katz, Tradition und Krise. Der Weg der jüdischen Gesellschaft aus der Krise, München 2002, bestätigt (zuerst in Hebr.1958; die deutsche Übersetzung basiert auf der englischen Fassung: Tradition and Crisis. Jewish Society at the End of the Middle Ages, London 1993).

## Philosophie und Gesetz

Erwähnt wird zu Beginn des Kapitels: Fritz Bamberger, Das System des Maimonides. Eine Analyse des More Newuchim vom Gottesbegriff aus, Berlin 1935. – Die Ausführungen des Kapitels basieren vornehmlich auf folgenden Werken Julius Guttmanns: Die Philosophie des Judentums, München 1933; Religion und Wissenschaft im mittelalterlichen und im modernen Denken, in: Festschrift zum 50jährigen Bestehen der Hochschule für die Wissenschaft des Judentums, Berlin 1922, 145–216; eine zweiteilige, nahezu vollständige Bibliographie seiner Schriften findet sich in: Iyyun 2 (1951), 10–19 und 182–184.

Als Überblickswerk zur Geschichte des mittelalterlichen jüdischen Denkens empfiehlt sich: Karl Erich Grözinger, Jüdisches Denken. Theologie – Philosophie – Mystik. Bd. 2: Von der mittelalterlichen Kabbala zum Hasidismus, Frankfurt a. M./New York 2005. Einen Einblick in die internationale Mittelalterforschung gibt: Jan A. Aersten/Andreas Speer (Hg.), Was ist Philosophie?, Berlin/New York 1998; vgl. auch: Eliezer Schweid, La Religion juive dans la culture laïque d'après Yitzhak Julius Guttmann, in: Gérard Nahon/Charles Touati (Hg.), Hommage à Georges Vadja. Études de l'Histoire et pensée juive, Paris 1980, 531–550.

Ausdrücklich im Anschluss an Guttmanns *Die Philosophie des Judentums* hatte Georges Vajda die Forschungsliteratur bis 1974 dargestellt; vgl. Georges Vajda, Les études de philosophie juive du moyen âge depuis la synthèse de Julius Guttmann, in: Hebrew Union College Annual 43 (1972), 125–147 und 45 (1974), 205–242.

Unverzichtbar zu Maimonides ist Görge K. Hasselhoff/Otfried Fraisse (Hg.), Moses Maimonides (1138–1204). His Religious, Scientific, and Philosophical *Wirkungsgeschichte* in Different Cultural Contexts, Würzburg 2004; empfehlenswert zu Leben und Werk von Maimonides auch: Kenneth Seeskin (Hg.), The Cambridge Companion to Maimonides, Cambridge 2005; Herbert A. Davidson, Moses Maimonides. The Man and His Works, Oxford 2005; außerdem ist für die Rezeption seines Denkens maßgeblich geworden: Görge K. Hasselhoff, Dicit Rabbis Moyses: Studien zum Bild von Moses Maimonides im lateinischen Westen vom 13. bis zum 15. Jahrhundert, Würzburg ²2004. Das Standardwerk zur

»negativen Attributenlehre« ist David Kaufmann, Geschichte der Attributenlehre in der jüdischen Religionsphilosophie von Saadja bis Maimonides, Gotha 1877 (Nachdr. Hildesheim 1982).

Die Ausführungen zu Leo Strauss gründen v. a. auf: Philosophie und Gesetz. Beiträge zum Verständnis Maimunis und seiner Vorläufer, Berlin 1935. Alle Werke von Leo Strauss bis zu seiner Übersiedlung in die Vereinigten Staaten 1938 finden sich in den ersten drei Bänden der von Heinrich Meier herausgegebenen Gesammelten Schriften (Stuttgart 1996 bis ³2008).

Die Forschungsliteratur zu Leo Strauss nimmt zu, jedoch ist noch keine Biographie erschienen. Einen ersten Schritt hierzu stellt die Studie von Eugene Sheppard dar: Leo Strauss and the Politics of Exile. The Making of a Political Philosopher, Waltham, Mass. 2006. Eine Schlüsselquelle zum Thema, die im Kapitel Erwähnung findet, ist der Briefwechsel zwischen Gershom Scholem und Walter Benjamin, vgl.: Walter Benjamin – Gershom Scholem. Briefwechsel 1933–1940, hg. von Gershom Scholem, Frankfurt a. M. 1985 (der Brief 191–194, das Zitat 192f.).

Aus der zeitgenössischen Literatur vgl. auch: Ludwig Feuchtwanger, Philosophie und Gesetz. Bemerkungen zu zwei neuen Arbeiten zum Verständnis Maimunis: *Fritz Bamberger, Das System des Maimionides* und *Leo Strauss, Philosophie und Gesetz*, in: Jüdische Rundschau Jg. 40, Nr. 29 v. 9.4.1935, 7; Isaak Heinemanns Rezension von Guttmanns *Die Philosophie des Judentums*, in: MGWJ 77 (1933), 394–398; ders., Besprechungen. Neuere Arbeiten zur Philosophie des Mittelalters, in: MGWJ 79 (1935), 195–205; Max Wiener, Schriften um Maimuni. Leo Strauß, Philosophie und Gesetz und Alexander Altmann, Des Rabbi Mosche ben Maimon More Newuchim im Grundriß, in: Morgen 12 (1936), 129–130.

Julius Guttmanns veröffentlichte seine Replik auf Strauss unter dem Titel: Philosophie der Religion oder Philosophie des Gesetzes?, in: The Israel Academy of Sciences and Humanities Proceedings 5 (1974), 146–173. Zu der Kontroverse wichtig: Eliezer Schweid, Religion and Philosophy: The Scholarly-Theological Debate between Julius Guttmann and Leo Strauss, in: Maimonidean Studies 1 (1990), 163–195.

## Tod und Verklärung

Der vollständige Titel der Bibelübersetzung von Franz Rosenzweig und Martin Buber lautet: Die Schrift, zu verdeutschen unternommen von Martin Buber, gemeinsam mit Franz Rosenzweig, Berlin 1925ff. Siehe dazu: Thomas Meyer, Der »nichtjüdische Jude«. Franz Rosenzweig und Leo Strauss, in: Richard Faber (Hg.), Das Gegenteil des Glaubens? Atheismus in der Diskussion, Würzburg 2006, 104–119 (mit weiter reichender Literatur); hierzu außerdem die folgende umfassende Studie: Hans-Joachim Bechtoldt, Jüdische deutsche Bibelübersetzungen. Vom ausgehenden 18. Jahrhundert bis zum 20. Jahrhundert, Stuttgart 2005; das erwähnte Zitat aus: Franz Rosenzweig, Fragmente aus dem Nachlaß, in: Schocken Almanach auf das Jahr 1938/39, 54–61.

Aus der Forschung soll lediglich erwähnt werden: Friedrich Wilhelm Graf, Annihilatio historiae? Theologische Geschichtsdiskurse in der Weimarer Republik, in: Jahrbuch des Historischen Kollegs 2004, München 2005, 49–81; zum Begriff der »Politischen Theologie« vgl.: Heinrich Meier, Was ist Politische Theologie? Einführende Bemerkungen zu einem umstrittenen Begriff, München 2006; weiterführend: Jürgen Manemann, Carl Schmitt und die Politische Theologie. Politischer Anti-Modernismus, Münster 2002; sowie: Peter Eli Gordon, Rosenzweig and Heidegger: Between Judaism and German Philosophy, Berkeley u. a. 2003; und Martin Brasser (Hg.), Rosenzweig als Leser. Kontextuelle Kommentare zum »Stern der Erlösung«, Tübingen 2004.

Besonders wichtig um zu verstehen, worauf Rosenzweig reagierte, ist der folgende Band: Helmut Holzhey/Gabriel Motzkin/Hartwig Wiedebach (Hg.), »Religion der Vernunft aus den Quellen des Judentums«. Tradition und Ursprungsdenken in Hermann Cohens Spätwerk. Internationale Konferenz in Zürich 1998, Hildesheim 2000.

Zur zeitgenössischen Rezeption Rosenzweigs vgl.: Joseph Carlebach, Die religionsphilosophische Stellung F. Rosenzweigs, in: Jeschurun 17 (1930), 1–11; ders., Franz Rosenzweig, in: Der Israelit Jg. 70, Nr. 51 v. 19.12.1929, 3–5, und: Franz Rosenzweig: »Der Stern der Erlösung«, in: Jeschurun 13 (1926), 333–340 u. 501–518; Eugen Mayer (Hg.), Franz Rosenzweig. Eine Gedenkschrift, Frankfurt a. M. 1930; Herrmann Meyer (Hg.), Franz Rosenzweig. Ein Buch des Gedenkens, Berlin 1930; Martin Buber, Franz Rosenzweig†... [sic!], in: Kant-Studien 35 (1930), 517–522 (auch in: ders., Kampf um Israel. Reden und Schriften 1921–1932, Berlin 1933, 190–199); ders., Über die Wortwahl in einer Verdeutschung der Schrift. Dem Gedächtnis Franz Rosenzweigs, Berlin 1930; Gerhard Scholem, Zur Neuauflage des »Sterns der Erlösung«, in: Frankfurter Israelitisches Gemeindeblatt Jg. 28 (1931), Nr. 9, 15–18; ders.,

Der Stern der Erlösung. Die jüdisch-theistische Offenbarungsphilosophie Franz Rosenzweigs, in: Bayerische Israelitische Gemeindezeitung Jg. 8, Nr. 11 v. 1.6.1932, 167–169.
Weitere zeitgenössische Kommentare zu Rosenzweig stammen von Else Freund: Die Philosophie Franz Rosenzweigs. Ein Beitrag zur Analyse seines Werkes »Der Stern der Erlösung«, Leipzig 1933; und: Martin Bubers und Franz Rosenzweigs Bibelübersetzung, in: Jüdische Rundschau Jg. 39, Nr. 98 v. 7.12.1934, 3.

Die erwähnten Bände »Tröstung Israels« und »Jehuda Halevi: Zionslieder« erschienen 1933 im Berliner Schocken-Verlag als die Nummern 1 und 2 der Schocken-Bibliothek; die Sammlung »Zur jüdischen Erziehung« erschien 1937 als deren Nummer 77. Bereits in den 1930er Jahren wurden einige der Briefe Franz Rosenzweigs ediert: Franz Rosenzweig, Briefe. Unter Mitwirkung von Ernst Simon ausgewählt und herausgegeben von Edith Rosenzweig, Berlin 1935 (hieraus die Zitate, 633f.); Ludwig Feuchtwanger, Aus Franz Rosenzweigs Briefen, in: Bayerische Israelitische Gemeindezeitung Jg. 11, Nr. 12 v. 15.6.1935, 261–263; Isaak Heinemann, [Rez.] Rosenzweig: Briefe, in: MGWJ 79 (1935), 343; Ignaz Maybaum, Franz Rosenzweigs Vermächtnis, in: Morgen 11 (1935/36), 53–59; siehe auch: Ignaz Maybaum, Ueber die Lehre und über das Gesetz. Kritisches zur Auseinandersetzung zwischen Martin Buber und Franz Rosenzweig, in: Jüdisch-liberale Zeitung Jg. 5, v. 13.11.1925 (unpaginiert, 2 Seiten).

Die theoretischen Beiträge zur Bibelübertragung liegen gesammelt vor in: Martin Buber und Franz Rosenzweig, Die Schrift und ihre Verdeutschung, Berlin 1936. Einzig Ludwig Feuchtwanger in seiner Rezension unter anderem der Psalmenverdeutschung weist auf das Buch in einer kurzen Erwähnung hin, siehe: Ludwig Feuchtwanger, Übersetzungsprobleme, in: Der Morgen 12 (1936/37), 224–228.

Die 1937 in Berlin erschienenen »Kleineren Schriften« von Franz Rosenzweig wurden besprochen von: Isaak Heinemann, Franz Rosenzweig, Kleinere Schriften, in: MGWJ 81 (1937), 518; und: Alexander Altmann, Theology in Twentieth Century German Jewry, in: Leo Baeck Institute Year Book 1 (1956), 193–216.

Folgende Schriften Ignaz Maybaums werden im Text analysiert: Einleitung zu: Franz Rosenzweig, Die Feste der Erlösung, in: Der Morgen 10 (1934), 278–282; Theologie und Politik. Betrachtungen zu Alfred de Quervains Buch: Die theologischen Voraussetzungen der Politik, in: Der Morgen 7 (1931/32), 504–512; Parteibefreites Judentum. Lehrende Führung und priesterliche Gemeinschaft, Berlin 1935; Neue Jugend und alter Glaube. Der Chaluz und die Baalhabajit in der Verantwortung vor der Lehre, Berlin 1936.

Alexander Altmanns Besprechung ist abgedruckt unter dem Titel: Um das Erbe Franz Rosenzweigs. Zu zwei Büchern von Ignaz Maybaum, in: Jüdische Rundschau Jg. 42, Nr. 70/71 v. 3.9.1937, 6.

## »Die Stunde der jüdischen Philosophie«?

Die betrachteten Publikationen von Fritz Heinemann sind folgende: Die Stunde der jüdischen Philosophie, in: Der Morgen 11 (1935), 101–107; Plotin. Forschungen über die platonische Frage, Leipzig 1921; Gestalten der Spätantike, in: Der Morgen 1 (1925), 310–323, 480–495, 578–584; Die Geschichte der Philosophie als Geschichte der Menschen, in: Kant-Studien 31 (1926), 212–250; Neue Wege der Philosophie. Geist/Leben/Existenz: Eine Einführung in die Philosophie der Gegenwart, Leipzig 1929; Phänomenologie des jüdischen Geistes. Eine Aufgabe jüdischer Philosophie, in: Der Morgen 11 (1935), 159–165; Fritz Heinemann, Urformen jüdischen Geistes. Der Akt der Heiligung, in: ebd., 477–481; Fritz Heinemann, Erlösung durch Weltliebe?, in: Der Morgen 12 (1936), 84–87, sowie: Odysseus oder Die Zukunft der Philosophie, Stockholm 1939.

Weitere zitierte Literatur: Friedrich Nietzsche, Jenseits von Gut und Böse (1886), in: Werke. Kritische Gesamtausgabe, hg. von Giorgio Colli und Mazzino Montanari. Sechste Abteilung. Zweiter Band, Berlin 1968, 1–255; Bericht des Wissenschaftlichen Vorstandes, in: Korrespondenzblatt des Vereins zur Gründung und Erhaltung einer Akademie für die Wissenschaft des Judentums, Berlin 1921, 30–39; Max Scheler, Die deutsche Philosophie der Gegenwart, in: Philipp Witkop (Hg.), Deutsches Leben der Gegenwart, Berlin 1922, 127–224.

# Zum Autor

Thomas Meyer, Jg. 1966, ist Wissenschaftlicher Mitarbeiter am Simon-Dubnow-Institut für jüdische Geschichte und Kultur in Leipzig. Seine Forschungs- und Interessenschwerpunkte liegen im Bereich der allgemeinen Philosophie des 19. und 20. Jahrhunderts und der jüdischen Geistes-, Ideen- und Philosophiegeschichte seit der Haskalah. Er publizierte unter anderem zu Salomon Formstecher, Ludwig Feuchtwanger, Alexander Altmann – vor allem aber zu Ernst Cassirer. Unlängst erschien als Summe seiner Beschäftigung mit dem Philosophen das Buch *Ernst Cassirer* (Hamburg: Verlag Ellert und Richter 2006), eine »intellektuelle Biographie«.

Nach seinem Studium der Philosophie und der Promotion an der Münchner Ludwig Maximilians-Universität im Jahr 2003 war Thomas Meyer, gefördert durch die Minerva-Stiftung, zwei Jahre lang Fellow am Franz-Rosenzweig-Zentrum der Hebräischen Universität in Jerusalem. Seine Dissertationsschrift trägt den Titel *Kulturphilosophie in gefährlicher Zeit. Studien zu Ernst Cassirer* und ist im Lit-Verlag Münster 2007 erschienen.

Neben seinen Zeitschriftenpublikationen zur jüdischen und allgemeinen Ideengeschichte ist Thomas Meyer auch durch seine Beiträge im Feuilleton verschiedener überregionaler Tages- und Wochenzeitungen bekannt; unter anderem schreibt er für Die Zeit, die Süddeutsche Zeitung, die Jüdische Allgemeine, die Frankfurter Rundschau und die Frankfurter Allgemeine Zeitung.